국어의 기술 외전 독서활동 추천도서:

미래를 바꾼 아홉 가지 알고리즘

국어의 기술 외전 독서활동 추천도서:

미래를 바꾼 아홉 가지 알고리즘

머리말

안녕하세요. 『국어의 기술』 시리즈 저자 이해황입니다.

수험생에게 독서는 사치로 느껴질 수 있습니다. 책 읽을 시간에 문제 하나라도 더 푸는 것이 낫다고 생각할 수도 있습니다. 또 독서를 하려고 해도 괜히 눈치 보일 수 있습니다. 당장 점수가 급한데 시험에 직접적으로 도움도 안 되는 책을 왜 읽냐고 주변에서 핀잔을 줄 수도 있습니다.

하지만 2017학년도에서 수능 만점을 받은 이영래 씨가 "사설 문제보다는 한국교육과정평가원 기출 문제를 중심으로 공부했고, 독서를 많이 한 것이 수능 만점에 도움이 된 것 같다."라고 말했듯이, 독서는 교양과 지적 만족을 넘어 시험에도 도움이 될 수 있습니다.

무엇보다 학생부종합전형이 급격히 확대되면서, 학생들은 어쩔 수 없이(?) 책을 읽고 '독서활동상황'에 기록을 남겨야 하는 상황입니다. 특히 서울대학교를 목표로 하는 학생들은 자기소개서 4번 항목 "고등학교 재학 기간 (또는 최근 3년간) 읽었던 책 중 자신에게 가장 큰 영향을 준 책을 3권 이내로 선정하고 그 이유를 기술하여 주십시오."(500자 이내)를 쓰기 위해 꾸준히 책을 읽을 필요가 있습니다.

게다가 최근 어려워진 수능 국어영역 독서 지문에 대한 해결책이 독서가 될 수 있습니다. 물론 배경지식 없이도 문제를 풀 수 있도록 출제는 됩니다. 하지만 배경지식이 있으면 매우 유리할 만한 전문적인 내용이 곧잘 나옵니다. 독서를 하면 배경지식도 쌓고, 자연스럽게 어휘력, 독해력을 강화해나갈 수 있습니다.

이처럼 기왕에 독서를 해야 한다면 시험에도 도움이 될 만한 책을 고르는 것이 중요합니다. 그런데 학생 입장에서 어떤 책이 수능 국어영역과 학생부 독서활동 모두에 도움이 될지 판단하기 어렵습니다. 그래서 제가 나섰습니다. 적합한 책을 추천하고, 또 해당 책과 관련된 [한국교육과정평가원 기출지문+'국어의 기술'식 해설]을 제공하려고 합니다. 이를 통해 국어시험 점수, 학생부 독서활동이라는 두 마리 토끼를 한꺼번에 잡을 수 있기 바랍니다.

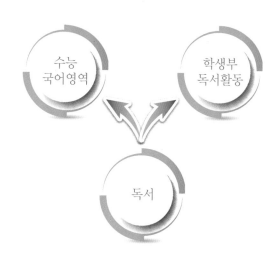

첫 번째로 소개할 책은 『미래를 바꾼 아홉 가지 알고리즘』입니다. 컴퓨터 사용자가 날마다 사용하면서도, 그 원리를 잘 알지 못하는 중요한 알고리즘 문제를 푸는 데 필요한 단계의 순서를 명확히 명시하는 계산법을 비유를 통해 쉽고 재미있게 설명합니다. 컴퓨터과학과를 지망하는 학생이라면 강력 추천합니다. 또한 책에서 소개하는 알고리즘 9개 중 4~5개가 이미 시험에 출제된 적 있습니다. 해당 문제를 풀어보며 책을 잘 이해했는지 확인하며 동시에 국어 실력을 쌓기 바랍니다. 또한 아직 출제되지 않은 부분은 한 번씩 더 읽어두기 바라고요!

목차

구성 및
활용법

 구성

각 장은 3~4개의 절로 구분되어 있습니다.

1.1. 들어가기

『미래를 바꾼 아홉 가지 알고리즘』에서 언급된 핵심적인 아이디어를 다시 한 번 설명하는 부분입니다.

1.2. 풀어보기

『미래를 바꾼 아홉 가지 알고리즘』에서 소개한 내용과 관련 있는 수능, 모의평가 기출지문을 풀어봅니다.

1.3. 풀이하기

기출지문을 문단 단위로 뜯어보며 이해해보고, 논리적으로 문제를 해설합니다.

1.4. 덧붙이기

추가로 알면 좋을 내용을 소개합니다. (Part 2와 Part 5에만 등장합니다.)

02 시험 대비 활용법

1)『미래를 바꾼 아홉 가지 알고리즘』을 먼저 읽은 경우

『국어의 기술』을 풀며『미래를 바꾼 아홉 가지 알고리즘』중 대충 읽었다고 생각되는 부분이 있을 겁니다.『미래를 바꾼 아홉 가지 알고리즘』을 다시 읽을 때 좀 더 꼼꼼하게 해당 부분을 읽고 이해하려고 노력하세요. 또한 문제화된 내용, 문제화되지 않은 내용을 구분해보고, 아직 출제되지 않은 내용은 시험에 어떻게 나올지 예상해보세요.

2)『미래를 바꾼 아홉 가지 알고리즘』을 아직 읽지 않은 경우

『미래를 바꾼 아홉 가지 알고리즘』을 읽고 1)과 같이 공부하세요.『국어의 기술』부터 풀면 안 되냐고요? 이 책도 자체로 내적 완결성 가질 수 있도록 구성했기 때문에 상관은 없습니다. 추후『미래를 바꾼 아홉 가지 알고리즘』을 읽기만 하면 됩니다. 그때도 방식은 똑같습니다.『미래를 바꾼 아홉 가지 알고리즘』을 읽으며 문제화된 내용, 문제화되지 않은 내용을 구분해보고, 아직 출제되지 않은 내용은 시험에 어떻게 나올지 예상해보세요.

03 대입 수시전형 대비 활용법

이렇게까지 했다면 이제 『미래를 바꾼 아홉 가지 알고리즘』에 대한 감상문을 써서 선생님께 제출하세요. 감상문을 서울대학교 대입 자기소개서 서식 4번 문항을 참고해서 적는 것도 좋습니다.

> 고등학교 재학 기간 (또는 최근 3년간) 읽었던 책 중 자신에게 가장 큰 영향을 준 책을 3권 이내로 선정하고 그 이유를 기술하여 주십시오.
>
> ▶ '선정 이유'는 각 도서별로 띄어쓰기를 포함하여 500자 이내로 작성
>
> ▶ '선정 이유'는 단순한 내용 요약이나 감상이 아니라, 읽게 된 계기, 책에 대한 평가, 자신에게 준 영향을 중심으로 기술

「4장. 공개키 암호화」 + α

× 공개키 암호화 방식(2005학년도 9월 모의평가)

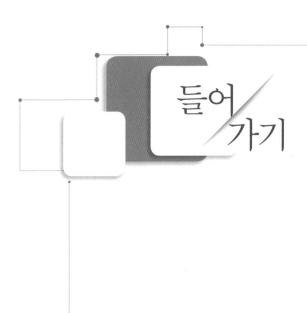

들어
가기

■ 튜링상은 컴퓨터과학 분야의 노벨상으로 불립니다. 엘런 튜링이 누군지는 『미래를 바꾼 아홉 가지 알고리즘』 297쪽에서 잠깐 언급했죠? 오늘날 컴퓨터과학의 토대를 만든 사람입니다. 이를 기념하여 미국 컴퓨터협회에서 튜링상을 만들었습니다. 수상자는 10만 달러(한화 약 1억 1천만 원)를 받게 되는데, 2016년 튜링상은 공개키 암호화 방식을 고안한 디피, 헬먼이 받았습니다. (두 사람 역시 『미래를 바꾼 아홉 가지 알고리즘』 101쪽에서 언급했습니다.)

■ 공개키 암호화의 핵심은 어떻게 ①만난 적 없는 두 사람이 ②공개된 방식으로 ③비밀키를 만들 수 있냐는 것입니다. 미리 만나서 비밀리에 비밀키를 주고받을 수 있는 관계에서는 암호화하는 데 별 문제가 없습니다. 예를 들어, 비밀키가 [+17]이라는 것을 나와 상대방이 만나서 비밀스럽게 약속했다고 합시다. 이후 내가 상대방에게 [8]을 전달하고 싶으면 8+17을 해서 [25]를 보내면 됩니다. 다른 사람은 [25]를 봐도

14

어떤 의미인지 모르겠죠? 하지만 상대방은 [25]가 비밀키 [+17]이 적용된 것임을 압니다. 따라서 25-17을 해서 제가 [8]을 전달하려고 했음을 알 수 있습니다.

그런데 인터넷으로 쇼핑을 하기 위해서는 한 번도 만난 적 없는 판매자에게 비밀스럽게 신용카드 번호, 비밀번호를 전달해야 합니다. 이 번호가 공개되면 큰 문제가 될 수 있기 때문에 암호화해야 하는데, 여기서 문제가 생깁니다. 사전에 비밀키를 약속해두지 않은 두 사람이 어떻게 공개적인 방식으로 비밀키를 만들 수 있을까요? 바로 그 방식이 공개키 암호화 방식이었습니다. 인터넷 주소창에 'http://'가 아니라, 'https://'가 보이면 내 컴퓨터와 웹 서버가 암호화를 통해 데이터를 주고받는구나 생각하면 됩니다. 이처럼 암호화 과정이 있다 보니 https:// 로 시작하는 페이지가 http://로 시작하는 페이지보다 속도가 느리고요.

『미래를 바꾼 아홉 가지 알고리즘』에서 비유로 페인트 색을 섞는 게 나왔는데, 정작 그림은 흑백이라서 조금 답답했을 수 있습니다. 색깔이 예쁘게 칠해진 그림이 있어서 보여 드리려고 합니다. 다음 QR코드를 입력해 보세요. 이해하기 쉽게 채색된 그림을 볼 수 있습니다.

이제 관련 국어영역 기출문제를 살펴보겠습니다. 책에 비해 시험 지문은 훨씬 쉽습니다.

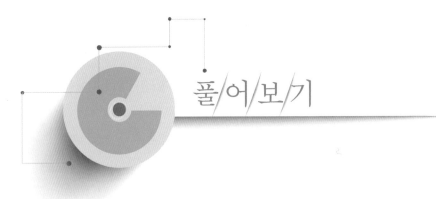

[1~4] 다음 글을 읽고 물음에 답하시오. 2005학년도 9월 모의평가

(가) 인터넷 쇼핑몰에서 물건을 살 때, 다른 사람이 내 컴퓨터와 인터넷 쇼핑몰의 컴퓨터 사이에 오고가는 정보를 읽어서 내가 입력한 신용 카드 정보를 ⊙빼내면 어쩌나 하고 걱정하는 사람이 많다. 그러나 공개키 암호화 방식을 이용하면 정보를 주고받는 당사자 이외에는 그 정보를 볼 수 없도록 할 수 있다.

(나) 공개키 암호화 방식에서는 각각의 컴퓨터가 다른 컴퓨터와 절대로 겹치는 법이 없는 한 쌍의 키를 준비한다. 내 컴퓨터가 준비한 키 쌍을 각각 공개키 A와 비밀키 a라고 하자. 공개키 A는 다른 컴퓨터에 알려주는 데에 사용하고 비밀키 a는 내 컴퓨터에만 보관한다. 공개키 A로 암호화된 정보는 오직 비밀키 a가 있어야만 해독되어 원래의 정보로 만들 수 있으며, 공개키 A를 가지고도 해독될 수 없다. 따라서 비밀키 a만 내 컴퓨터 밖으로 빠져나가지 않게 하면 공개키 A는 다른 컴퓨터에 알려 주어도 무방하다.

(다) 이제 인터넷 서점 '책마을'에 접속하여 책을 구매하는 경우를 생각해 보자. 책마을 컴퓨터가 공개키 B와 비밀키 b를 가지고 있다고 하면, 내 컴퓨터가 책마을 컴퓨터에 접속하자마자 두 컴퓨터는 자동적으로 자신들의 공개키를 교환한다. 즉 내 컴퓨터는 B를, 책마을 컴퓨터는 A를 알게 되는 것이다. 이제 내가 책을 주문하기 위해서 신용 카드 정

보를 내 컴퓨터에 입력하면 내 컴퓨터는 이것을 책마을 컴퓨터의 공개키 B로 암호화하여 전송한다. 책마을 컴퓨터는 암호화된 정보를 자신의 비밀키 b로 해독하여 원래의 신용 카드 정보를 얻는다. 공개키 B로 암호화하여 보내진 정보는 비밀키 b를 갖고 있는 책마을 컴퓨터만 해독할 수 있으므로 다른 사람이 내 신용 카드 정보를 해독하기는 불가능하다.

(라) 내 컴퓨터의 공개키 A는 다른 컴퓨터에서도 알 수 있으므로 다른 사람이 나인 척하고 자기 컴퓨터에서 공개키 A를 알려주고 책을 주문한다면 곤란한 문제가 발생할 수 있다. 이러한 문제를 방지하기 위해서는 책마을 컴퓨터가 받고 있는 정보의 송신자가 내 컴퓨터라는 것을 확인해야 한다. 이를 위해서 책마을 컴퓨터는 내 컴퓨터에 '책마을만세'와 같은 임의의 단어를 보내면서 이 단어를 내 컴퓨터의 비밀키 a로 암호화한 후, 원래 단어와 암호화된 단어를 함께 보내달라고 요구한다. 공개키 암호화 방식에서는 비밀키 a로 암호화된 정보가 공개키 A로만 해독이 가능하다. 따라서 ⓒ내 컴퓨터는 원래의 단어와 암호화된 단어를 함께 전송하고, 이 두 정보를 전송 받은 책마을 컴퓨터는 암호화된 단어를 공개키 A로 해독한 후에 전송 받은 원래 단어와 일치하는지 확인한다. 만약 이들이 일치한다면 공개키 A를 가진 컴퓨터(내 컴퓨터)가 보낸 정보임에 틀림없다는 것을 알 수 있다.

(마) 어떤 사람은 자기 컴퓨터가 가르쳐 준 공개키 A에서 비밀키 a를 알아내면 어쩌나 하고 걱정할지 모른다. 그러나 이러한 일은 기술적으로만 본다면 거의 불가능하다. 비밀키 a에서는 간단한 계산만으로 공개키 A를 얻을 수 있다. 그러나 공개키 A에서 비밀키 a를 구하기 위해서는 현재 가장 속도가 빠른 슈퍼컴퓨터를 동원하더라도 수십 년 동안 계산해야 할 정도로 엄청난 시간을 필요로 한다. 따라서 공개키 암호화 방식은 일반적으로 사람들이 안심하고 사용해도 좋다고 할 수 있다.

01 각 단락의 중심 화제로 적절하지 <u>않은</u> 것은? [1점]

① (가): 공개키 암호화 방식의 효용성
② (나): 공개키와 비밀키를 생성하는 방법
③ (다): 공개키 암호화 방식의 동작 원리
④ (라): 송신자 컴퓨터를 확인하는 원리
⑤ (마): 공개키 암호화 방식의 안전성

02 윗글에 나타난 '공개키 암호화 방식'에 대한 설명으로 가장 적절한 것은?

① 정보를 주고받는 컴퓨터끼리는 공통의 비밀키를 사용한다.
② 공개키로 암호화하여 보내는 정보는 비밀키로 해독될 수 없다.
③ 컴퓨터의 속도가 빨라지면 공개키 암호화의 안전성은 높아진다.
④ 정보를 주고받는 컴퓨터끼리는 상대방 컴퓨터의 비밀키를 모르고 있다.
⑤ 공개키로 암호화된 정보는 암호화에 사용된 공개키를 알면 해독될 수 있다.

03 국어사전에서 ㉠의 의미를 바르게 찾은 것은? [1점]

빼-내다[빼: --] 〔-내어(-내), -내니〕 图 (…에서 …을) (1)박혀 있거나 끼워져 있는 것을 뽑다. (2)여럿 가운데에서 필요한 것 혹은 불필요한 것만을 골라내다. (3)남의 물건 따위를 돌려내다. (4)남을 꾀어서 나오게 하다. (5)얽매인 사람을 자유롭게 해 주다.

① (1)　　② (2)　　③ (3)　　④ (4)　　⑤ (5)

04 ㉡의 내용을 그림으로 올바르게 표현한 것은? [3점]

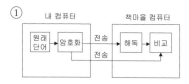

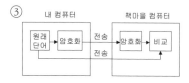

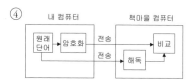

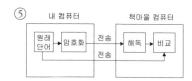

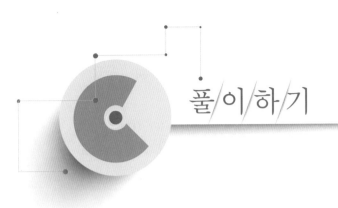

풀/이/하/기

(가) 인터넷 쇼핑몰에서 물건을 살 때, 다른 사람이 내 컴퓨터와 인터넷 쇼핑몰의 컴퓨터 사이에 오고가는 정보를 읽어서 내가 입력한 신용 카드 **정보를** 빼내면 어쩌나 하고 걱정하는 사람이 많다. 그러나 **공개키 암호화 방식**을 이용하면 정보를 주고받는 당사자 이외에는 그 정보를 볼 수 없도록 할 수 있다.

(가) 문단은 문제-해결 구조로 이루어져 있습니다. 정보를 타인이 빼내는 것이 문제고, 이에 대한 해결책으로 공개키 암호화 방식이 제시됐죠? 앞으로 문제에는 P(Problem의 약자), 해결책에는 S(Solution의 약자)를 표시하겠습니다.[1] 이 구조에서 중요한 것은 S입니다. 당연히 글은 S가 무엇인지 중점적으로 설명해나갈 것입니다. 출제되는 문제 또한 S를 잘 이해했는지 평가하려는 의도가 담길 수밖에 없고요. 따라서 S가 구체적으로 무엇인지 꼼꼼하게 읽어나가야 합니다.

---

[1] 이런 기호 및 독해법은 제가 쓴 「국어의 기술 외전 독해력 강화도구 3가지」(좋은책신사고)를 바탕으로 했습니다

(나) 공개키 암호화 방식에서는 각각의 컴퓨터가 다른 컴퓨터와 절대로 겹치는 법이 없는 한 쌍의 키를 준비한다. 내 컴퓨터가 준비한 키 쌍을 각각 공개키 A와 비밀키 a라고 하자. 공개키 A는 다른 컴퓨터에 알려주는 데에 사용하고 비밀키 a는 내 컴퓨터에만 보관한다. 공개키 A로 암호화된 정보는 오직 비밀키 a가 있어야만 해독되어 원래의 정보로 만들 수 있으며, 공개키 A를 가지고도 해독될 수 없다. 따라서 비밀키 a만 내 컴퓨터 밖으로 빠져나가지 않게 하면 공개키 A는 다른 컴퓨터에 알려 주어도 무방하다.

개념이 두 개 이상 나오면 무조건 관계에 주목해야 합니다. 각각을 네모□와 세모△로 표시하고, 그 둘의 관계가 나오면 꼭 밑줄을 그어두세요. 어떤 식으로든 문제화됩니다. 이건 모든 국어시험에 적용되는 패턴입니다.

공개키는 말 그대로 다른 컴퓨터에 공개하고, 비밀키는 내 컴퓨터에만 비밀스럽게 갖고 있다는 것을 직관적으로 이해할 수 있죠? 그 둘의 관계는 공개키로 암호화된 정보는 비밀키로만 해독할 수 있다는 거고요. 결국 공개키는 암호화할 때 사용하고, 비밀키는 해독할 때 사용한다는 것이네요. 이게 지문의 핵심!

(다) 이제 인터넷 서점 '책마을'에 접속하여 책을 구매하는 경우를 생각해 보자. 책마을 컴퓨터가 공개키 B와 비밀키 b를 가지고 있다고 하면, 내 컴퓨터가 책마을 컴퓨터에 접속하자마자 두 컴퓨터는 자동적으로 자신들의 공개키를 교환한다. 즉 내 컴퓨터는 B를, 책마을 컴퓨터는 A를 알게 되는 것이다. 이제 내가 책을 주문하기 위해서 신용 카드 정보를 내 컴퓨터에 입력하면 내 컴퓨터는 이것을 책마을 컴퓨터의 공개키 B로 암호화하여 전송한다. 책마을 컴퓨터는 암호화된 정보를 자신의 비밀키 b로 해독하여 원래의 신용 카드 정보를 얻는다. 공개키 B로 암호화하여 보내진 정보는 비밀키 b를 갖고 있는 책마을 컴퓨터만 해독할 수 있으므로 다른 사람이 내 신용 카드 정보를 해독하기는 불가능하다.

(다) 문단은 인터넷 서점 '책마을'에서 책을 구매하는 구체적인 상황을 말하고 있습니다. 바로 앞 (나) 문단의 예시일 뿐이기 때문에, (나) 문단을 잘 이해했다면 빠르게 읽고 지나가면 됩니다. 이 문단 역시 공개키(암호화용)와 비밀키(해독용) 사이의 관계가 핵심입니다.

(라) 내 컴퓨터의 공개키 A는 다른 컴퓨터에서도 알 수 있으므로 다른 사람이 나인 척하고 자기 컴퓨터에서 공개키 A를 알려주고 책을 주문한다면 곤란한 문제가 발생할 수 있다. 이러한 문제를 방지하기 위해서는 책마을 컴퓨터가 받고 있는 정보의 송신자가 내 컴퓨터라는 것을 확인해야 한다. 이를 위해서 책마을 컴퓨터는 내 컴퓨터에 '책마을만세'와 같은 임

의의 단어를 보내면서 이 단어를 내 컴퓨터의 비밀키 a로 암호화한 후, 원래 단어와 암호화된 단어를 함께 보내달라고 요구한다. 공개키 암호화 방식에서는 비밀키 a로 암호화된 정보가 공개키 A로만 해독이 가능하다. 따라서 ⓢ내 컴퓨터는 원래의 단어와 암호화된 단어를 함께 전송하고, 이 두 정보를 전송 받은 책마을 컴퓨터는 암호화된 단어를 공개키 A로 해독한 후에 전송 받은 원래 단어와 일치하는지 확인한다. 만약 이들이 일치한다면 공개키 A를 가진 컴퓨터(내 컴퓨터)가 보낸 정보임에 틀림없다는 것을 알 수 있다.

(라) 문단도 (가) 문단처럼 문제-해결 구조로 이루어져 있습니다. 당연히 해결책이 중요하겠죠? 심지어 출제자는 구체적인 해결책인 부분에 'ⓛ'과 함께 밑줄까지 쫙 쳐줬습니다. 친절한 출제자가 학생들에게 "여기가 중요한 부분이야!"라고 알려주는 느낌마저 줍니다![2] 일단 이런 부분에 해당하는 문제(전체를 다 안 읽어도 풀 수 있는 문제)를 만나면 일단 문제로 가봅니다.

4번을 보니 ⓛ의 내용을 그림으로 올바르게 표현한 것을 찾으라고 합니다. ⓛ을 쪼개서 그림에 하나하나 대응되는 것을 찾으면 됩니다. 긴장하지만 않으면 쉽게 정답을 확인할 수 있습니다.

이런 문제를 풀 때는 출제자가 정답의 조건을 2개 이상 제시합니다. 이 문제는 3개가 제시되었는데 쪼개보면 다음과 같습니다.

---

2 실제로 출제자가 문제화를 위해 지문에 밑줄 그은 부분은 내용상 중요한 경우가 많습니다. 출제자는 핵심을 문제화하기 때문입니다!

내 컴퓨터는 ⓐ원래의 단어와 암호화된 단어를 함께 전송하고, 이 두 정
보를 전송 받은 책마을 컴퓨터는 ⓑ암호화된 단어를 공개키 A로 해독한
후에 ⓒ전송 받은 원래 단어와 일치하는지 확인

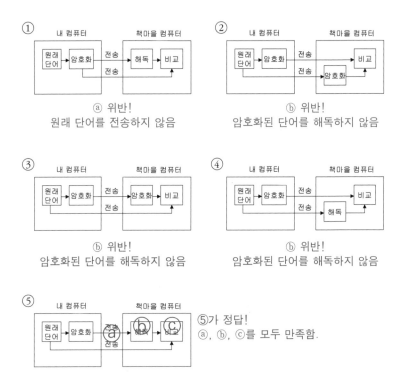

① ⓐ 위반!
원래 단어를 전송하지 않음

② ⓑ 위반!
암호화된 단어를 해독하지 않음

③ ⓑ 위반!
암호화된 단어를 해독하지 않음

④ ⓑ 위반!
암호화된 단어를 해독하지 않음

⑤ ⑤가 정답!
ⓐ, ⓑ, ⓒ를 모두 만족함.

(마) 어떤 사람은 자기 컴퓨터가 가르쳐 준 공개키 A에서 비밀키 a를 알아내면 어쩌나 하고 걱정할지 모른다. 그러나 이러한 일은 기술적으로만 본다면 거의 불가능하다. 비밀키 a에서는 간단한 계산만으로 공개키 A를 얻을 수 있다. 그러나 공개키 A에서 비밀키 a를 구하기 위해서는 현재 가장 속도가 빠른 슈퍼컴퓨터를 동원하더라도 수십 년 동안 계산해야 할 정도로 엄청난 시간을 필요로 한다. 따라서 공개키 암호화 방식은 일반적으로 사람들이 안심하고 사용해도 좋다고 할 수 있다.

(마) 문단도 문제-해결 구조로 볼 수 있습니다. 비밀키(해독용 키)가 알려지면 큰 문제겠죠? 하지만 이를 해내려면 엄청난 시간이 걸리기 때문에 '거의 불가능'하다고 답합니다. 여기까지 지문 독해 끝~

 이제 문제를 살펴보겠습니다.

01 각 단락의 중심 화제로 적절하지 <u>않은</u> 것은? [1점]

② (나): 공개키와 비밀키를 생성하는 방법

구체적으로 어떻게 생성하는지는 지문에 나오지 않았습니다. 이 내용은 『미래를 바꾼 아홉 가지 알고리즘』 4장에 오히려 잘 설명되어 있죠! 나머지 선지는 지문을 토대로 쉽게 확인할 수 있습니다.

02 윗글에 나타난 '공개키 암호화 방식'에 대한 설명으로 가장 적절한 것은?

① 정보를 주고받는 컴퓨터끼리는 공통의 비밀키를 사용한다.

비밀키는 비밀로 보관하는 것이고, 공통적으로 사용하는 건 공개키입니다.

② 공개키로 암호화하여 보내는 정보는 비밀키로 해독될 수 없다.

비밀키로 해독할 수 있죠! 그게 비밀키의 기능이고요.

③ 컴퓨터의 속도가 빨라지면 공개키 암호화의 안전성은 높아진다.

공개키 암호화의 안전성은 비밀키를 구하는 데 엄청난 시간이 걸리기 때문이었죠? 그런데 속도가 빨라지면 비밀키를 구하는 데 걸리는 시간이 줄어들 거고, 그러면 안전성은 낮아질 겁니다.[3]

④ 정보를 주고받는 컴퓨터끼리는 상대방 컴퓨터의 비밀키를 모르고 있다.

정답입니다. 공개키는 공개하고, 비밀키는 비밀로 하고!

⑤ 공개키로 암호화된 정보는 암호화에 사용된 공개키를 알면 해독될 수 있다.

해독은 비밀키로 하는 거였죠. 출제자가 공개키는 비밀키로, 비밀키는 공개키로 바꿔치기[4]하는 식으로 적절하지 않은 선지를 만들었습니다.

---

3 이 선지는 『미래를 바꾼 아홉 가지 알고리즘』 257쪽 양자 컴퓨터와 관련이 있습니다!
4 이런 식의 출제패턴은 『국어의 기술1』(좋은책 신사고) 패턴3 바꿔치기에서 집중 학습할 수 있습니다.

03 국어 사전에서 ⊙의 의미를 바르게 찾은 것은? [1점]

문맥에 사전의 뜻을 하나하나 대입해보며 자연스러운 것을 찾으면 됩니다. 정답은 ③입니다. ②도 적절할 수 있다고 생각하는 학생들이 있는데, ②와 ③을 비교해 보면 ②는 '내 것' 중에서, ③은 '남의 것' 중에서 빼내는 것입니다. ⊙의 맥락은 남의 정보를 빼내는 것이기 때문에 정답은 ③입니다.

「5장. 오류 정정 코드」+ α

$\times$ 해시 함수(2016학년도 9월 모의평가)

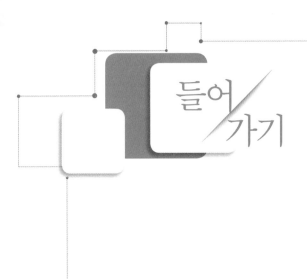

들어가기

 『미래를 바꾼 아홉 가지 알고리즘』 5장, '오류 정정 코드'에 소개된 체크섬checksum 트릭을 잘 이해했나요? "중요한 점은 체크섬 자릿수의 수는 고정된다는 것이다"(122쪽)가 핵심이었습니다. 아무리 긴 메시지라고 하더라도, 메시지의 오류 검출에 사용되는 체크섬은 일정합니다. 예를 들어, 단순 체크섬은 한 자릿수로 일정합니다.

- 메시지 7의 단순 체크섬 : 7
- 메시지 57의 단순 체크섬 : 2
- 메시지 3157의 단순 체크섬 : 6
- 메시지 1182239809180141의 단순 체크섬 : 8

이처럼 긴 메시지를 짧은 값으로 '압축'해서 원본 메시지와 일치하는지 비교하는 데 쓰이는 것이 체크섬의 핵심입니다.

그런데 단순합만 체크섬으로 사용할 경우, 메시지에 오류가 생겨도 검출하지 못할 수 있습니다. 알고리즘 책 118쪽의 표처럼요. 그래서 계단합 체크섬을 활용해서 체크섬을 두 자릿수로 늘렸죠? 하지만 메시지가 길면 오류가 여러 군데 생겨도 우연히 두 자릿수 체크섬이 원본과 같을 수 있습니다.

따라서 크기가 큰 메시지의 오류를 검출하기 위해서는 사용되는 체크섬의 자릿수가 100자리 이상으로 길어지게 됩니다. 그런데 여기서도 문제가 생깁니다. 우연히, 정말 우연히 메시지 여기저기에 오류가 생겼지만 100자릿수 체크섬이 원본과 동일할 수 있습니다. 혹은 악성 소프트웨어가 일부러 원본의 체크섬과 같도록 하면서 메시지를 변형시킬 수도 있고요.

이런 문제를 해결하기 위해 암호학적 해시 함수가 해결책으로 제시됩니다. 이 특정 유형의 체크섬은 통신 오류 및 악성 소프트웨어로부터 메시지를 보호할 수 있습니다. 알고리즘 책에서는 이 정도로만 소개가 되고 끝났는데, 시험에는 좀 더 심화된 내용이 나왔습니다. 배경지식 없이도 지문을 읽고 풀어나갈 수 있긴 하지만, 체크섬에 대한 기본 개념이 있으면 훨씬 쉽게 이해할 수 있습니다.

[5~7] 다음 글을 읽고 물음에 답하시오. 2016학년도 9월 모의평가

온라인을 통한 통신, 금융, 상거래 등은 우리에게 편리함을 주지만 보안상의 문제도 안고 있는데, 이런 문제를 해결하기 위하여 암호 기술이 동원된다. 예를 들어 전자 화폐의 일종인 비트코인은 해시 함수를 이용하여 화폐 거래의 안전성을 유지한다. 해시 함수란 입력 데이터 x에 대응하는 하나의 결과 값을 일정한 길이의 문자열로 표시하는 수학적 함수이다. 그리고 입력 데이터 x에 대하여 해시 함수 H를 적용한 수식을 H(x)=k라 할 때, k를 해시 값이라 한다. 이때 해시 값은 입력 데이터의 내용에 미세한 변화만 있어도 크게 달라진다. 현재 여러 해시 함수가 이용되고 있는데, 해시 값을 표시하는 문자열의 길이는 각 해시 함수마다 다를 수 있지만 특정 해시 함수에서의 그 길이는 고정되어 있다.

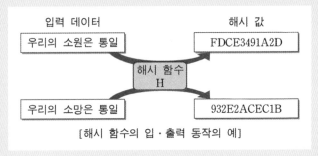

[해시 함수의 입·출력 동작의 예]

이러한 특성을 갖고 있기 때문에 해시 함수는 데이터의 내용이 변

경되었는지 여부를 확인하는 데 이용된다. 가령, 상호 간에 동일한 해시 함수를 사용한다고 할 때, 전자 문서와 그 문서의 해시 값을 함께 전송하면 상대방은 수신한 전자 문서에 동일한 해시 함수를 적용하여 결과 값을 얻은 뒤 전송받은 해시 값과 비교함으로써 문서가 변경되었는지 확인할 수 있다.

그런데 해시 함수가 ㉠일방향성과 ㉡충돌회피성을 만족시키면 암호 기술로도 활용된다. 일방향성이란 주어진 해시 값에 대응하는 입력 데이터의 복원이 불가능하다는 것을 말한다. 특정 해시 값 k가 주어졌을 때 $H(x)=k$를 만족시키는 x를 계산하는 것이 매우 어렵다는 것이다. 그리고 충돌회피성이란 특정해시 값을 갖는 서로 다른 데이터를 찾아내는 것이 현실적으로 불가능하다는 것을 의미한다. 서로 다른 데이터 x, y에 대해서 $H(x)$와 $H(y)$가 각각 도출한 값이 동일하면 이것을 충돌이라 하고, 이때의 x와 y를 충돌쌍이라 한다. 충돌회피성은 이러한 충돌쌍을 찾는 것이 현재 사용할 수 있는 모든 컴퓨터의 계산 능력을 동원하더라도 그것을 완료하기가 사실상 불가능하다는 것이다.

[가]
해시 함수는 온라인 경매에도 이용될 수 있다. 예를 들어 ○○ 온라인 경매 사이트에서 일방향성과 충돌회피성을 만족시키는 해시 함수 G가 모든 경매 참여자와 운영자에게 공개되어 있다고 하자. 이때 각 입찰 참여자는 자신의 입찰가를 감추기 위해 논스*의 해시 값과, 입찰가에 논스를 더한 것의 해시 값을 함께 게시판에 게시한다. 해시값 게시 기한이 지난 후 각 참여자는 본인의 입찰가와 논스를 운영자에게 전송하고 운영자는 최고 입찰가를 제출한 사람을 낙찰자로 선정한다. 이로써 온라인 경매 진행 시 발생할 수 있는 다양한 보안상의 문제를 해결할 수 있다.

* 논스 : 입찰가를 추측할 수 없게 하기 위해 입찰가에 더해지는 임의의 숫자

05 윗글의 '해시 함수'에 대한 이해로 적절하지 <u>않은</u> 것은?

① 전자 화폐를 사용한 거래의 안전성을 위해 해시 함수가 이용될 수 있다.

② 특정한 해시 함수는 하나의 입력 데이터로부터 두 개의 서로 다른 해시 값을 도출하지 않는다.

③ 입력 데이터 x를 서로 다른 해시 함수 H와 G에 적용한 $H(x)$와 $G(x)$가 도출한 해시 값은 언제나 동일하다.

④ 입력 데이터 x, y에 대해 특정한 해시 함수 H를 적용한 $H(x)$와 $H(y)$가 도출한 해시 값의 문자열의 길이는 언제나 동일하다.

⑤ 발신자가 자신과 특정 해시 함수를 공유하는 수신자에게 어떤 전자 문서와 그 문서의 해시 값을 전송하면 수신자는 그 문서의 변경 여부를 확인할 수 있다.

06 윗글의 ㉠과 ㉡에 대하여 추론한 내용으로 가장 적절한 것은?

① ㉠을 지닌 특정 해시 함수를 전자 문서 x, y에 각각 적용하여 도출한 해시 값으로부터 x, y를 복원할 수 없다.

② 입력 데이터 x, y에 특정 해시 함수를 적용하여 도출한 문자열의 길이가 같은 것은 해시 함수의 ㉠ 때문이다.

③ ㉡을 지닌 특정 해시 함수를 전자 문서 x, y에 각각 적용하여 도출한 해시 값의 문자열의 길이는 서로 다르다.

④ 입력 데이터 x, y에 특정 해시 함수를 적용하여 도출한 해시 값

이 같은 것은 해시 함수의 ⓒ 때문이다.

⑤ 입력 데이터 x, y에 대해 ⊙과 ⓒ을 지닌 서로 다른 해시 함수를 적용하였을 때 도출한 결과 값이 같으면 이를 충돌이라고 한다.

07 [가]에 따라 〈보기〉의 사례를 이해한 내용으로 가장 적절한 것은? [3점]

〈보기〉

온라인 미술품 경매 사이트에 회화 작품 △△이 출품되어 A와 B만이 경매에 참여하였다. A, B의 입찰가와 해시 값은 다음과 같다. 단, 입찰 참여자는 논스를 임의로 선택한다.

입찰 참여자	입찰가	논스의 해시 값	'입찰가+논스'의 해시 값
A	a	r	m
B	b	s	n

① A는 a, r, m 모두를 게시 기한 내에 운영자에게 전송해야 한다.

② 운영자는 해시 값을 게시하는 기한이 마감되기 전에 최고가 입찰자를 알 수 없다.

③ m과 n이 같으면 r과 s가 다르더라도 A와 B의 입찰가가 같다는 것을 의미한다.

④ A와 B 가운데 누가 높은 가격으로 입찰하였는지는 r과 s를 비교하여 정할 수 있다.

⑤ B가 게시판의 m과 r을 통해 A의 입찰가 a를 알아낼 수도 있으므로 게시판은 비공개로 운영되어야 한다.

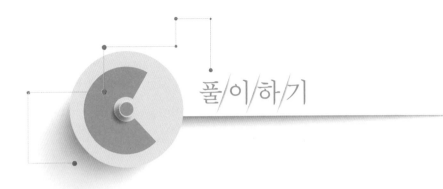

📢 1문단이 너무 길어서 두 개로 쪼개서 읽어보겠습니다.

온라인을 통한 통신, 금융, 상거래 등은 우리에게 편리함을 주지만 보안상의 문제도 안고 있는데, 이런 문제를 해결하기 위하여 암호 기술이 동원된다. 예를 들어 전자 화폐의 일종인 비트코인은 해시 함수를 이용하여 화폐 거래의 안전성을 유지한다. 해시 함수는 입력 데이터 x 에 대응하는 하나의 결과 값을 일정한 길이의 문자열로 표시하는 수학적 함수이다.

문제-해결 구조로 지문이 제시되었습니다. 해결책으로 제시된 암호 기술이 중점적으로 설명될 것이라 예상할 수 있습니다. 특히 암호 기술 중 '해시 함수'를 언급하며 정의를 제시했으니, 해시 함수가 글의 초점임을 예상할 수 있습니다. 사실 지문의 정의만으로는 그 의미를 이해하기 어렵긴 합니다. 일단은 배경지식이 없다고 가정하고 계속 읽어나가 보겠습니다.

그리고 입력 데이터 x에 대하여 해시 함수 H를 적용한 수식을 H(x)=k라 할 때, k를 해시 값이라 한다. 이때 해시 값은 입력 데이터의 내용에 미세한 변화만 있어도 크게 달라진다. 현재 여러 해시 함수가 이용되고 있는데, 해시 값을 표시하는 문자열의 길이는 각 해시 함수마다 다를 수 있지만 특정 해시 함수에서의 그 길이는 고정되어 있다.

앞에서 언급된 '일정한 길이'가 '길이는 고정'으로 표현이 바뀌어서 한 번 더 등장했습니다. 이렇게 반복되는 것은 중요하기 때문입니다.

미세한 변화에도 크게 달라지는 해시 값의 특성이 어떤 식으로 사용될지 생각해보면서 지문을 계속 읽어나가 봅니다.

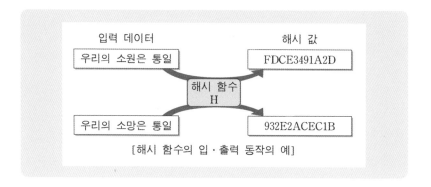

[해시 함수의 입·출력 동작의 예]

지문에 제시된 그림은 미세한 변화에도 크게 달라지는 해시 값의 특성을 보여줍니다. 딱 한 글자, '소원'이 '소망'으로 바뀌자 해시 값이 확 바뀌었죠? 즉, H(x)=k에서 x가 조금만 바뀌어도 k가 크게 바뀐다는 뜻입니다.

이러한 특성을 갖고 있기 때문에 해시 함수는 데이터의 내용이 변경되었는지 여부를 확인하는 데 이용된다. 가령, 상호 간에 동일한 해시 함수를 사용한다고 할 때, 전자 문서와 그 문서의 해시 값을 함께 전송하면 상대방은 수신한 전자 문서에 동일한 해시 함수를 적용하여 결과 값을 얻은 뒤 전송받은 해시 값과 비교함으로써 문서가 변경되었는지 확인할 수 있다.

'이러한 특성', 즉 미세한 변화에도 크게 달라지는 특성을 뜻합니다. 앞에서 풀었던 4번 문제처럼 그림이 그려져야 합니다. 문제화되지 않더라도 이해하는 데 중요하기 때문입니다. 대충대충 읽고 넘어가지 말고, 이 내용을 4번처럼 그림으로 간략히 표현해보겠습니다. (실제 시험장이었다면 여백에 작게 그려봤어야 합니다.)

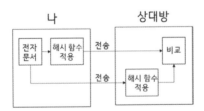

이렇게 하니 사실상 Part 1의 4번 문제의 ②와 동일합니다. 아마 해시 함수 개념을 알고 있었기 때문에 이런 식으로 선지를 만들지 않았나 생각해봅니다.

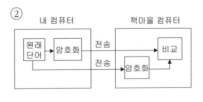

그런데 해시 함수가 ㉠일방향성과 ㉡충돌회피성을 만족시키면 암호 기술로도 활용된다. 일방향성이란 주어진 해시 값에 대응하는 입력 데이터의 복원이 불가능하다는 것을 말한다. 특정 해시 값 k가 주어졌을 때 H(x)=k를 만족시키는 x를 계산하는 것이 매우 어렵다는 것이다. 그리고 충돌회피성이란 특정해시 값을 갖는 서로 다른 데이터를 찾아내는 것이 현실적으로 불가능하다는 것을 의미한다. 서로 다른 데이터 x, y에 대해서 H(x)와 H(y)가 각각 도출한 값이 동일하면 이것을 충돌이라 하고, 이때의 x와 y를 충돌쌍이라 한다. 충돌회피성은 이러한 충돌쌍을 찾는 것이 현재 사용할 수 있는 모든 컴퓨터의 계산 능력을 동원하더라도 그것을 완료하기가 사실상 불가능하다는 것이다.

1문단에서 언급됐던 암호 기술로서의 해시 함수가 드디어 설명됩니다. 일방향성, 충돌회피성의 관계는 두 조건이 모두 만족되면 해시 함수를 암호 기술로 활용할 수 있다는 것입니다.

일방향성은 일정한 길이의 해시 값 k로 압축만 되고, k로부터 x로의 복원은 안 된다는 뜻이죠? 이는 이미지로 쉽게 나타낼 수 있습니다.

충돌회피성은 조금 어렵습니다. 충돌이라는 말 자체가 일상어와 다르게 쓰이기 때문입니다. 이럴 때는 정의를 잘 기억해야 합니다.

충돌 : H(x)=H(y) (단, $x \neq y$)

충돌쌍 : H(x)=H(y)일 때의 x, y

충돌회피성 : H(x)=H(y)일 때의 x, y를 찾는 것이 사실상 불가능

이 지문은 앞에서 살펴본 공개키 암호화 방식 지문과 여러 모로 겹칩니다. 다음 두 서술은 표현만 다를 뿐 사실상 같은 내용입니다.

> 현재 사용할 수 있는 모든 컴퓨터의 계산 능력을 동원하더라도 그것을 완료하기가 사실상 불가능하다는 것이다.^{Part 2, 5~7번 지문}
>
> ≒ 현재 가장 속도가 빠른 슈퍼컴퓨터를 동원하더라도 수십 년 동안 계산해야 할 정도로 엄청난 시간을 필요로 한다.^{Part 1, 1~4번 지문}

이처럼 기출 지문을 공부하면서 배경지식으로 잘 정리해두면, 다음에 읽을 지문에 큰 도움이 될 수 있습니다.

[가]

해시 함수는 온라인 경매에도 이용될 수 있다. 예를 들어 ○○ 온라인 경매 사이트에서 일방향성과 충돌회피성을 만족시키는 해시 함수 G가 모든 경매 참여자와 운영자에게 공개되어 있다고 하자. 이때 각 입찰 참여자는 자신의 입찰가를 감추기 위해 논스*의 해시 값과, 입찰가에 논스를 더한 것의 해시 값을 함께 게시판에 게시한다. 해시값 게시 기한이 지난 후 각 참여자는 본인의 입찰가와 논스를 운영자에게 전송하고 운영자는 최고 입찰가를 제출한 사람을 낙찰자로 선정한다. 이로써 온라인 경매 진행 시 발생할 수 있는 다양한 보안상의 문제를 해결할 수 있다.

* 논스 : 입찰가를 추측할 수 없게 하기 위해 입찰가에 더해지는 임의의 숫자

이 문단을 독해하는 것은 쉽지 않습니다. 온라인 경매 시 발생할 수 있는 다양한 보안상의 문제점이 무엇인지 지문에 명시되지 않았기 때문입니다. 따라서 해시 함수를 사용하면 어떤 문제가 해결된다는 것인지도 와닿지 않습니다. 따라서 지문을 읽으며 해시 함수를 이용하지 않을 경우 어떤 문제가 생기는지 상상해내야 합니다.

지문에 제시된 경매 방식은 입찰가를 감추기 때문에 비공개 방식입니다. 게시판에 해시 값을 게시하긴 하지만, 일방향성 때문에 해시 값으로부터 입찰가를 계산해낼 수 없기 때문입니다. 이로부터 '보안상의 문제' 중 하나는 입찰가를 비공개로 유지하는 것임을 추론할 수 있습니다. 만약 상대방의 입찰가를 알면, 자신은 그보다 조금만 더 높은 값을 제시함으로써 낙찰받을 수 있기 때문입니다.

또한 운영자는 전송받은 입찰가와 논스에 해시함수를 적용해서, 참여자가 게시판에 게시한 값과 일치하는지 비교하는 과정을 거칠 것입니다. 이때는 충돌회피성이 없다면 어떤 일이 벌어질까요? 운영자는 참여자가 보낸 입찰가를 신뢰할 수 없을 것입니다. 게시한 해시 값과 일치하는 다른 입찰가(충돌쌍)를 전송한 것일 수 있기 때문입니다. 즉, 참여자 입장에서는 입찰 후 마음이 바뀌어서 게시한 입찰가보다 낮거나 높은 충돌쌍을 운영자에게 보내지 못하도록 하기 위해, 해시 함수의 충돌회피성이 필요합니다.

이 정도까지 이해했다면 문제를 함께 풀어보겠습니다.

05 윗글의 '해시 함수'에 대한 이해로 적절하지 <u>않은</u> 것은?

① 전자 화폐를 사용한 거래의 안전성을 위해 해시 함수가 이용될 수 있다.

> 1문단에서 제시된 사례, 비트코인을 가리키므로 적절합니다.

② 특정한 해시 함수는 하나의 입력 데이터로부터 두 개의 서로 다른 해시 값을 도출하지 않는다.

> 1문단에서 제시된 해시 함수의 정의를 가리키므로 적절합니다. 해시 함수는 입력 데이터에 대응하는 '하나의 결과 값'을 표시하죠

③ 입력 데이터 x를 서로 다른 해시 함수 H와 G에 적용한 H(x)와 G(x)가 도출한 해시 값은 ~~언제나 동일하다~~

> 언제나 동일한지 다른지 지문에서 확인할 수 없습니다. '언제나', '항상', '관계없이', '변함없이' 같은 표현이 선지에 있으면 주의하세요.

④ 입력 데이터 x, y에 대해 특정한 해시 함수 H를 적용한 H(x)와 H(y)가 도출한 해시 값의 문자열의 길이는 언제나 동일하다.

> 1문단 마지막 줄을 가리키므로 적절합니다.

⑤ 발신자가 자신과 특정 해시 함수를 공유하는 수신자에게 어떤 전자 문서와 그 문서의 해시 값을 전송하면 수신자는 그 문서의 변경 여부를 확인할 수 있다.

> 2문단을 가리키므로 적절합니다. 변경 여부를 확인하는 매커니즘을 그림으로도 그려봤습니다!

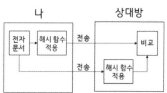

06 윗글의 ㉠과 ㉡에 대하여 추론한 내용으로 가장 적절한 것은?

① ㉠을 지닌 특정 해시 함수를 전자 문서 x, y에 각각 적용하여 도출한 해시 값으로부터 x, y를 복원할 수 없다.

해시 값으로 압축은 가능해도, 입력 데이터로 복원이 불가능한 것이 일방향성이었습니다. 따라서 적절합니다. 정답!

② 입력 데이터 x, y에 특정 해시 함수를 적용하여 도출한 문자열의 길이가 같은 것은 해시 함수의 ~~㉠ 때문이다.~~

해시 함수의 정의에 따라 특정 해시 함수의 해시 값 문자열 길이는 서로 같습니다. 이는 일방향성이 없다고 해도 성립하는 것입니다.

③ ㉡을 지닌 특정 해시 함수를 전자 문서 x, y에 각각 적용하여 도출한 해시 값의 문자열의 길이는 ~~서로 다르다.~~

전자 문서 x, y의 길이가 어떻든 간에, 같은 해시 함수를 적용했다면 해시 값의 문자열 길이는 서로 같습니다. 이것은 해시 함수의 정의에 따라 그런 것이지, 일방향성이나 충돌회피성과는 관련이 없습니다.

④ 입력 데이터 x, y에 특정 해시 함수를 적용하여 도출한 해시 값이 같은 것은 해시 함수의 ~~㉡ 때문이다.~~

'입력 데이터 x, y에 특정 해시 함수를 적용하여 도출한 해시 값이 같은 것'은 '충돌'입니다. 이는 충돌회피성 때문에 그런 것이 아닙니다.

⑤ 입력 데이터 x, y에 대해 ~~㉠과 ㉡을 지닌 서로 다른~~ 해시 함수를 적용하였을 때 도출한 결과 값이 같으면 이를 충돌이라고 한다.

같은 함수를 적용했을 때 해시 값이 같은 것을 충돌이라고 합니다. 서로 다른 해시 함수를 적용했을 때 우연히 결과 값이 같을 수도 있겠지만, 이는 충돌회피성과 관련이 없습니다.

[가]에 따라 〈보기〉의 사례를 이해한 내용으로 가장 적절한 것은? [3점]

---〈보기〉---

온라인 미술품 경매 사이트에 회화 작품 △△이 출품되어 A와 B만이 경매에 참여하였다. A, B의 입찰가와 해시 값은 다음과 같다. 단, 입찰 참여자는 논스를 임의로 선택한다.

입찰 참여자	입찰가	논스의 해시 값	'입찰가+논스'의 해시 값
A	a	r	m
B	b	s	n

① A는 a, r, m 모두를 ~~게시 기한 내에 운영자에~~게 전송해야 한다.

a는 게시 기한이 지난 후에 전송하는 것입니다. 또한 r, m은 게시판에 게시한다고만 했을 뿐, 운영자에게 전송해야 한다는 말은 지문에 없습니다.

② 운영자는 해시 값을 게시하는 기한이 마감되기 전에 최고가 입찰자를 알 수 없다.

일방향성으로 인해 해시 값으로부터 입찰가를 복원할 수 없습니다. 따라서 운영자는 게시 기한이 지난 후 참여자들에게 입찰가를 알려줄 때, 비교하여 최고가 입찰자를 알 수 있습니다.

③ m과 n이 같으면 r과 s가 다르더라도 A와 B의 입찰가가 같~~다~~는 것을 의미한다.

m=n, r≠s, a=b 이 셋은 동시에 성립할 수 없습니다. 입찰가 a, b가 같은데 논스 값 r, s이 다르다면, '입찰가+논스'도 서로 달랐을 것이고, '입찰가+논스'의 해시 값 m, n도 당연히 달랐어야 합니다. 모순된 선지이기 때문에 적절하지 않습니다.

④ A와 B 가운데 누가 높은 가격으로 입찰하였는지는 r과 s를 비교
하여 정할 수 ~~있~~다.

r, s는 임의의 숫자, 즉 마음대로 정한 숫자입니다. 정의에도 나와있듯
이, '입찰가를 추측할 수 없게 하기' 위한 것이기 때문에 논스값을 비교
하는 것으로 입찰가 비교는 불가능합니다.

⑤ B가 게시판의 m과 r을 통해 A의 입찰가 a를 알아낼 수도 ~~있~~으므
로 게시판은 ~~비공개로 운영되어야~~ 한다.

일방향성으로 인해 B는 입찰가 a를 알아낼 수 없습니다. 따라서 게시판
을 공개로 운영해도 아무 문제가 없습니다.

덧/붙/이/기

경매 방식에 대한 읽을거리가 있어 제공합니다. 다음 지문은 법학
적성시험 2010학년도 추리논증 34번으로 제시된 것입니다.

경매는 입찰가의 공개 여부에 따라 공개 경매와 비공개 경매로 구분
되며, 이들은 다시 여러 형태로 나뉜다. 공개 경매의 한 형태인 '영국
식 경매'에서는 판매자가 현재 입찰가를 경매 참여자들에게 알려주면
서 더 높은 가격을 부르도록 유도한다. 현재 입찰가보다 높은 가격을
지불할 용의가 있는 입찰자는 미리 정해진 호가 단위* 한 단위를 현재
입찰가에 더하여 제시한다.

상품은 최종적으로 제시된 입찰가에 낙찰된다. 또 다른 공개 경매인
'네덜란드식 경매'는 최초 호가에서 내려가는 방식으로 진행된다. 제
시된 호가에 아무도 사려 하지 않으면 판매자는 호가를 내리며, 제시
된 호가를 가장 먼저 받아들인 경매 참여자에게 낙찰된다.

비공개 경매에서는 입찰가가 봉인된 채 동시에 제출되며 최고 입찰가
를 써낸 사람에게 낙찰된다. 그 중 '1위 가격 비공개 경매'는 낙찰자가
자신이 써낸 입찰가를 지불하는 방식이다. 또 다른 비공개 경매인 '2
위 가격 비공개 경매'에서는 최고 입찰가를 써낸 사람에게 낙찰되지
만, 그가 지불하는 가격은 두 번째로 높은 입찰가이다. 1위 가격 비공
개 경매에서는 입찰자들이 가진 정보의 편차가 심한 경우 상품의 가
치를 과대평가한 입찰자가 낙찰을 받기 쉽다. 그래서 정보가 부족한
입찰자들은 이러한 위험을 피하려고 낮은 가격을 써내는 경향을 보이
는데, 2위 가격 비공개 경매는 이를 고려하여 판매자의 처지에서 고안
된 방식이다.

*호가 단위 : 사거나 팔려고 부르는 가격 간의 간격

「6장. 패턴 인식과 인공지능」+ α

× 우편번호 자동분류기(2010학년도 9월 모의평가)

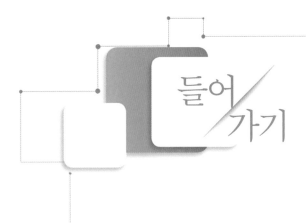

구글의 인공지능 딥마인드^{DeepMind}가 벽돌깨기 게임을 학습하는 과정을 보여주는 2분짜리 동영상이 있습니다. 꼭 아래 QR코드를 입력해서 감상해보세요. 소름이 끼칠 정도입니다.

다른 정보를 주지 않고, 화면의 점수를 최대로 하라는 목표만 설정해줬습니다. 물론 인공지능은 화면을 감지할 수 있고요. 인공지능은 어떻게 해야 점수가 높아지는지 전혀 모르는 상태입니다. 그래서 처음 10분 정도는 영 어설픕니다. 그런데 2시간 정도 지나니 꽤 잘하는 상태가 됩니다. 공을 쳐서 벽돌을 맞추면 점수가 오른다는 것을 학습한 것입니다.

■ 진짜 놀라운 일은 4시간 후에 벌어집니다. 마침내 인공지능은 가장 효과적으로 점수를 올리는 방법을 알아냅니다. 터널처럼 한쪽 벽돌을 계속 깨서, 거기에 공을 올려 보내는 것입니다. 그러면 벽돌 위에서 공이 혼자 춤추면서 빠르게 점수를 올릴 수 있습니다.

4시간 훈련 후

어떤 방식으로 게임을 하는지도 몰랐던 인공지능이 여러 번 게임을 하며 시행착오를 겪더니 전문가 수준까지 올라갑니다. 도대체 어떻게 이런 일이 벌어진 것일까요?

■ 인공지능이 학습하는 방식은 피드백의 종류에 따라 3가지로 나뉩니다. 방금 살펴본 사례는 그 중 강화 학습에 해당합니다. 특정 행동(공으로 벽돌 맞추기)을 했을 때는 피드백으로 보상(점수 주기)을 주고, 그렇지 않았을 때는 보상을 주지 않는 것입니다. 이런 피드백이 누적되면

어떤 경우에 보상이 따르는지 인공지능이 알게 되고, 보상이 따르는 행동을 계속 하도록 강화됩니다. 동물을 훈련시킬 때도 이런 방식을 활용합니다. 예를 들어, 돌고래가 날아오는 공을 머리로 쳐내면 먹이를 주는 식입니다. 그러면 돌고래의 공을 헤딩하는 행동은 강화됩니다.

▨ 『미래를 바꾼 아홉 가지 알고리즘』에 소개된 학습방법은 감독 학습입니다. '분류된 데이터'로 학습하는 방식입니다. 분류된 데이터의 의미를 좀 더 깊게 이해하기 위해 책 139쪽의 그림을 가져오겠습니다.

Y	X
0	0 0 0 0 0 0 0 0 0 0 0 0 0 0
1	1 1 1 1 1 1 1 1 1 1 1 1 1 1
2	2 2 2 2 2 2 2 2 2 2 2 2 2 2
3	3 3 3 3 3 3 3 3 3 3 3 3 3 3
4	4 4 4 4 4 4 4 4 4 4 4 4 4 4
5	5 5 5 5 5 5 5 5 5 5 5 5 5 5
6	6 6 6 6 6 6 6 6 6 6 6 6 6 6
7	7 7 7 7 7 7 7 7 7 7 7 7 7 7
8	8 8 8 8 8 8 8 8 8 8 8 8 8 8
9	9 9 9 9 9 9 9 9 9 9 9 9 9 9

자료 출처 : MNIST data of LeCun et al. 1998을 『미래를 바꾼 아홉 가지 알고리즘』에서 재인용

책을 제대로 이해했다면 제일 윗줄의 X, Y가 무엇인지 답할 수 있을 겁니다. X는 데이터 샘플이고, Y는 각 데이터 샘플의 라벨^{lable}입니다. 또한 데이터 X가 입력됐을 때, Y로 인식해야 한다는 점에서 X는 입력, Y는 목푯값 또는 출력이라고 볼 수 있습니다. 그리고 X+Y를 묶어서 분류된 데이터, 라벨이 붙은 데이터라고 합니다. X도 사람이 분류해줘야 하고, 라벨도 사람이 붙여줘야 하기 때문에, 사람이 감독하는 학습이라고 볼 수 있습니다.

■ 무감독 학습도 있습니다. 분류되지 않은 데이터 중 유사한 모임(군집)을 만드는 군집화를 통해 학습하는 것입니다. 이 내용이 감독학습과 함께 시험에 출제됐으니 살펴보겠습니다.

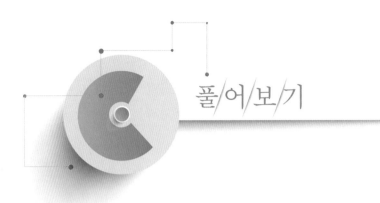

[8~11] 다음 글을 읽고 물음에 답하시오. 2010학년도 9월 모의평가

매일 쏟아지는 수많은 우편물들은 발송 지역별로 분류되어야 한다. 우편물 분류 작업은 우편번호 숫자를 인식함으로써 자동화될 수 있다. 이때 자동분류기는 환경과의 상호 작용에 기반한 경험적인 데이터로부터 스스로 성능을 향상시킬 수 있는 학습 능력을 갖춰야 한다. ㉠학습은 상호 작용의 정도에 따라 경험하는 데이터가 달라지고, 이러한 학습 데이터에 따라 자동분류기의 성능이 달라지게 된다. 즉, 자동분류기는 단순히 데이터를 기억하는 것이 아니라, 다양한 경험에서 새로운 정보를 추론하여 스스로 분류할 수 있는 능력을 갖춰야 한다.

	학습 데이터				실험 데이터
필기체 숫자	5	5	0	0	5
입력 특징					
목표치	5	5	0	0	

우편번호 자동분류기가 학습하기 위해서는, 먼저 우편번호 숫자를

하나씩 분할하고, 0부터 9까지를 잘 구별할 수 있는 입력 특징을 찾아야 한다. 위 그림은 필기체 숫자를 가로, 세로 8등분하여 연필이 지나간 자리를 1, 그렇지 않으면 0의 값을 주어, 입력 특징을 추출한 것이다.

다음으로, 추출된 특징으로 학습할 때 분류기에 목표치를 제공함으로써 학습을 감독할 수 있다. 즉, 입력 특징에 대한 목표치가 제시되면 분류기는 데이터를 제시된 목표치로 분류하도록 학습한다. 이렇게 목표치를 이용하는 학습을 ⓛ감독학습이라 한다. 숫자 분류기에 0부터 9까지 각각의 숫자에 대한 목표치가 제공되면, 분류기는 감독학습을 수행한다. 위의 그림에서 분류기는 네 개의 학습 데이터에 대한 입력 특징과 목표치를 통해 학습한다. 이 학습을 통해 두 개의 '5'와 두 개의 '0'을 각각 같은 숫자로 인식하면서, 동시에 '5'와 '0'을 서로 다른 숫자로 분류해 내는 함수를 만든다. 감독학습을 통해 올바르게 학습하였다면, 그림의 실험 데이터는 숫자 '5'로 인식된다.

그러면, 목표치를 주는 것이 어려운 경우에는 어떻게 학습할까? 목표치가 없을 때는 학습 데이터로 주어진 입력 특징들의 유사성을 찾아 군집화한다. 이와 같이 목표치가 제시되지 않는 학습을 무감독학습이라고 한다. 예컨대 위 그림에서 네 개의 필기체 숫자에 대한 입력 특징만 주어지면, 무감독학습은 비슷한 입력 특징을 가진 숫자들을 ⓐ모아 '5' 또는 '0'에 대해 군집화하는 함수를 만든다. 무감독학습을 통해 올바르게 학습하였다면, 실험 데이터는 '5'의 군집과 유사한 것으로 인식된다.

이렇게 학습된 자동분류기는 실험 데이터를 정확하게 분류하였는지에 따라 그 성능이 평가된다. 이러한 과정을 통해 우편번호 자동분류기는 우편물을 지역별로 분류할 수 있게 된다.

08 위 글의 '우편번호 자동분류기'에 대한 설명으로 적절한 것은?

① 자동분류기의 성능은 학습 데이터의 양에 영향을 받지 않는다.

② 우리나라 우편번호 자동분류기는 총 6종류의 목표치를 이용한다.
③ 자동분류기의 학습은 일정한 종류의 필기체 숫자를 기억하는 것이다.
④ 자동분류기는 0부터 9까지의 차이를 최소화하는 입력 특징을 사용한다.
⑤ 자동분류기의 학습은 필기체 숫자의 목표치가 없으면, 유사한 입력 특징을 가진 것끼리 모은다.

09 휴대 전화의 기능을 소개하는 문구 중, ㉠의 기능을 담은 예로 적절하지 <u>않은</u> 것은? [3점]

① 전화가 걸려 오면 등록된 수신 거부 목록과 일일이 대조하여, 목록에 있는 번호이면 수신을 거부한다.
② 휴대 전화를 든 손으로 등록된 단축 번호를 공중에 쓰면, 전화기가 숫자를 인식하여 자동으로 전화를 건다.
③ 사용자의 음성 특징을 추출하여 사용자와 타인의 음성을 분류하면, 사용자의 음성으로만 휴대 전화를 사용할 수 있다.
④ 휴대 전화에 닿는 형태를 유형화하여 접촉과 비접촉을 구별하면, 전화벨이 울리는 중에 휴대 전화에 손이 접촉할 경우 진동으로 전환된다.
⑤ 휴대 전화의 카메라로 촬영한 얼굴 영상들에서 색상값과 얼굴 형태 정보를 이용하여 얼굴과 얼굴이 아닌 것으로 분류하면, 사람이 움직여도 얼굴을 중심으로 촬영한다.

10 ㉡을 이용한 필기체 숫자 분류기의 구성도로 옳은 것은?

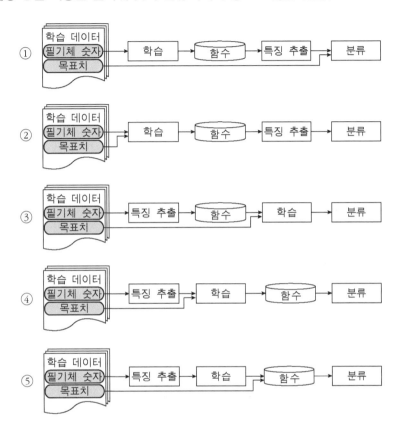

11 문맥상 ⓐ와 바꾸어 쓸 수 있는 한자어로 가장 적절한 것은?

① 취합(聚合)하여   ② 융합(融合)하여   ③ 조합(組合)하여

④ 규합(糾合)하여   ⑤ 결합(結合)하여

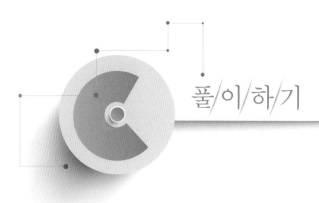

풀/이/하/기

 지문을 같이 읽어보겠습니다.

매일 쏟아지는 수많은 우편물들은 발송 지역별로 분류되어야 한다. 우편물 분류 작업은 우편번호 숫자를 인식함으로써 자동화될 수 있다. 이때 자동분류기는 환경과의 상호 작용에 기반한 경험적인 데이터로부터 스스로 성능을 향상시킬 수 있는 학습 능력을 갖춰야 한다. ㉠학습은 상호 작용의 정도에 ~~따라~~ 경험하는 데이터가 달라지고, 이러한 학습 데이터에 ~~따라~~ 자동분류기의 성능이 달라지게 된다. 즉, 자동분류기는 ~~단순히 데이터를 기억~~하는 것이 아니라, 다양한 경험에서 새로운 정보 를 추출하여 스스로 분류할 수 있는 능력을 갖춰야 한다.

지문에 학습 능력에 대한 정의가 은근슬쩍 제시됐습니다. "환경과의 상호 작용에 기반한 경험적인 데이터로부터 스스로 성능을 향상시킬 수 있는 능력"이 곧 학습 능력입니다. 정의할 때 [A는 B이다.] 형식으로 할 수도 있지만, [B인 A]로 제시할 수도 있습니다.

마지막 문장에 _XO표시는 좀 낯설죠? 어떤 대상에 대한 긍정(O)과 부정(X)이 동시에 나오면 위와 같이 표시합니다. 내용적으로 중요한 문장인 경우가 많고, 또 출제자가 굉장히 문제화하기 좋아하는 문장입니다.[1] 또한 '즉'을 통해 앞에서 했던 말을 반복했으니 중요한 문장임을 알 수 있습니다. 반복하는 이유는 강조하기 위함이니까요!

	학습 데이터				실험 데이터
필기체 숫자	5	5	0	0	5
입력 특징					
목표치	5	5	0	0	

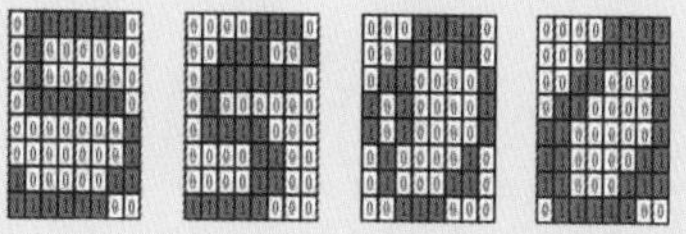

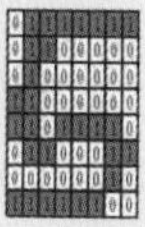

우편번호 자동분류기가 학습하기 위해서는, 먼저 우편번호 숫자를 하나씩 분할하고, 0부터 9까지를 잘 구별할 수 있는 <u>입력 특징</u>을 찾아야 한다. 위 그림은 필기체 숫자를 가로, 세로 8등분하여 연필이 지나간 자리를 1, 그렇지 않으면 0의 값을 주어, 입력 특징을 추출한 것이다.

우편번호 자동분류기의 학습 과정이 제시되고 있습니다. 순서대로 번호를 붙여가며 읽으면 됩니다. 참고로 『미래를 바꾼 아홉 가지 알고리즘』 146쪽 '다양한 종류의 인접이웃'을 봤다면 제시된 그림이 좀 더 쉽게 이해가 될 것입니다.

---

1 『국어의 기술1』(좋은책 신사고) 패턴4 _XO에서 심층적으로 훈련할 수 있습니다.

②음으로, 추출된 특징으로 학습할 때 분류기에 <u>목표치를 제공함으</u>로써 학습을 감독할 수 있다. 즉 입력 특징에 대한 목표치가 제시되면 분류기는 데이터를 제시된 목표치로 분류하도록 학습한다. 이렇게 목표치를 이용하는 학습을 ⓒ<u>감독학습</u>이라 한다. 숫자 분류기에 0부터 9까지 각각의 숫자에 대한 목표치가 제공되면, 분류기는 감독학습을 수행한다. 위의 그림에서 분류기는 네 개의 학습 데이터에 대한 입력 특징과 목표치를 통해 학③한다. 이 학습을 통해 두 개의 '5'와 두 개의 '0'을 각각 같은 숫자로 인식하면서, 동시에 '5'와 '0'을 서로 다른 숫자로 분류해 내는 ④수를 만든다. 감독학습을 통해 올바르게 학습하였다면, 그림의 실험 데이터는 숫자 '5'로 ⑤식된다.

우편번호 자동분류기의 학습 과정을 순서대로 표시하면서 읽었다면 잘 독해한 것입니다. 출제자는 과학기술의 매커니즘이 나오면 문제화하기를 좋아하는데, 순서만 잘 표시해도 쉽게 풀립니다.

지금까지는 『미래를 바꾼 아홉 가지 알고리즘』에서 감독학습이라고 명시적으로 언급한 적은 없지만, 목표치를 제공하는 분류된 데이터에 대해서는 136~139쪽에서 설명이 됐습니다. 배경지식이 있었다면 훨씬 쉽고 빠르게 읽을 수 있었겠죠?

그러면, 목표치를 주는 것이 어려운 경우에는 어떻게 학습할까? 목표치가 없을 때는 학습 데이터로 주어진 입력 특징들의 유사성을 찾아 군집화한다. 이와 같이 목표치가 제시되지 않는 학습을 무감독학습이라고 한다. 예컨대 위 그림에서 네 개의 필기체 숫자에 대한 입력 특징만 주어지면, 무감독학습은 비슷한 입력 특징을 가진 숫자들을 ⓐ모아 '5' 또는 '0'에 대해 군집화하는 함수를 만든다. 무감독학습을 통해 올바르게 학습하였다면, 실험 데이터는 '5'의 군집과 유사한 것으로 인식된다.

질문에는 Q(Question의 약자), 답변에는 A(Answer의 약자)로 표시했습니다. 질문에 대한 답변이 글의 핵심이고, 따라서 출제자가 문제로 곧잘 출제합니다. 무감독 학습은 목표치가 없다는 점에서 감독학습과 다르다는 점에 일단 주목해야 합니다. 그리고 감독 학습, 무감독 학습이라는 두 개념이 제시되었기 때문에 둘 사이의 관계(공통점 등)를 파악하는 것도 중요합니다. 입력 특징을 추출해서 학습하고, 이를 통해 새로운 것을 분류해서 인식하는 것이 둘 사이의 공통점입니다.

이렇게 학습된 자동분류기는 실험 데이터를 정확하게 분류하였는지에 따라 그 성능이 평가된다. 이러한 과정을 통해 우편번호 자동분류기는 우편물을 지역별로 분류할 수 있게 된다.

학습한 이후 테스트용으로 제공되는 실험데이터를 올바르게 분류하면 성능이 좋은 거겠죠.

 지문을 다 살펴봤으니 문제를 함께 풀어보겠습니다.

08 위 글의 '우편번호 자동분류기'에 대한 설명으로 적절한 것은?

① 자동분류기의 성능은 학습 데이터의 양에 영향을 ~~받지않는다~~.

  1문단에서 "경험하는 데이터가 달라지고, 이러한 학습 데이터에 따라 자동분류기의 성능이 달라지게 된다"라고 했으니 당연히 데이터 양의 영향을 받습니다.

② 우리나라 우편번호 자동분류기는 총 ~~X~~종류의 목표치를 이용한다.

  "0부터 9까지"를 목표치로 쓰기 때문에 총 10종류의 목표치를 이용합니다.

③ 자동분류기의 학습은 일정한 종류의 필기체 숫자를 기 ~~억~~하는 것이다.

  1문단에서 _XO로 표시했던 것 기억하나요? 단순히 기억하는 것은 X였죠! 이처럼 _XO가 지문에 제시되면 출제자는 지문에서 부정했던 것(X)을 긍정하는 방식으로 적절하지 않은 선지를 곧잘 만듭니다.

④ 자동분류기는 0부터 9까지의 차이를 ~~최소화~~하는 입력 특징을 사용한다.

  자동분류기는 "0부터 9까지를 잘 구별할 수 있는 입력 특징을 찾아야" 합니다. 따라서 0부터 9까지의 차이를 최대화하는 입력 특징을 사용할 것입니다. 차이가 작아지면 구별하기 어려울 테니까요. 예를 들어, 만약 0, 6, 8, 9의 입력 특징으로 차이를 최소화하는 동그라미를 사용한다면? 필기체 0, 6, 8, 9을 구분하기 매우 어려울 거고, 잘못된 분류가 잦을 겁니다.

⑤ 자동분류기의 학습은 필기체 숫자의 목표치가 없으면, 유사한 입력 특징을 가진 것끼리 모은다.

  무감독학습을 말하는 것이므로 적절합니다. 목표치가 있으면 감독학습, 목표치 없이 유사한 것끼리 군집화하면 무감독학습이었죠!

09 휴대 전화의 기능을 소개하는 문구 중, ㉠의 기능을 담은 예로 적절하지 <u>않은</u> 것은? [3점]

이 문제는 사실상 감독 학습, 무감독 학습의 관계(공통점)를 묻는 문제입니다. 입력 특징을 추출해서 학습하고, 이를 통해 새로운 것을 분류/인식하는 것이었죠? 이 관점에서 선지를 보면 답이 쉽게 나옵니다.

① 전화가 걸려 오면 등록된 수신 거부 목록과 일일이 대조하여, 목록에 있는 번호이면 수신을 거부한다.

기존의 정보를 단순히 기억해서 일을 처리하는 것일 뿐입니다. 어떤 특징을 추출해서 인식하는 과정은 없습니다.

② 휴대 전화를 든 손으로 등록된 단축 번호를 공중에 쓰면, 전화기가 숫자를 인식하여 자동으로 전화를 건다.

공중에 전화기로 큰 원을 그리면 0이 인식되고, 세로로 쭉 그으면 1이 입력된다는 거죠? 공중에 손으로 쓴 것으로 입력 특징을 추출해서 숫자를 인식하는 것이므로 적절한 사례입니다. (실제로 이런 전화기가 있었는데 손가락으로 누르는 것이 워낙 편한 까닭에 금방 사라졌습니다.)

③ 사용자의 음성 특징을 추출하여 사용자와 타인의 음성을 분류하면, 사용자의 음성으로만 휴대 전화를 사용할 수 있다.

입력으로부터 특징을 추출하고, 분류하는 것이므로 적절한 사례입니다.

④ 휴대 전화에 닿는 형태를 유형화하여 접촉과 비접촉을 구별하면, 전화벨이 울리는 중에 휴대 전화에 손이 접촉할 경우 진동으로 전환된다.

닿는 형태(입력)로부터 특징을 추출해서 접촉과 비접촉으로 분류(구별)하는 것이므로 적절한 사례입니다.

⑤ 휴대 전화의 카메라로 촬영한 얼굴 영상들에서 색상값과 얼굴 형태 정보를 이용하여 얼굴과 얼굴이 아닌 것으로 분류하면, 사람이 움직여도 얼굴을 중심으로 촬영한다.

입력되는 영상에서 얼굴 특징을 추출해서 얼굴과 얼굴이 아닌 것으로 분류하는 것이므로 적절한 사례입니다.

10 ⓛ을 이용한 필기체 숫자 분류기의 구성도로 옳은 것은?

순서대로 나열되어 있는지만 살피면 됩니다. 지문의 순서는 [입력 특징 추출 → 목표치 제공 → 학습 → 함수 → 인식]이었죠? 이에 대응되는 것은 ④입니다.

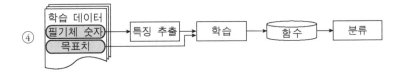

11 문맥상 ⓐ와 바꾸어 쓸 수 있는 한자어로 가장 적절한 것은?

각 단어를 대입했을 때 가장 자연스러운 것을 고르면 됩니다. 사실 이 부분은 논리적 풀이법이 있다기보다는 언어 감각에 맡기는 수밖에 없습니다. 한자를 알고 있다고 해도 다 비슷비슷한 뜻이고, 시험장에서 국어 사전을 볼 수도 없는 일이니까요. 정답은 ①입니다. 이게 일반적으로 가장 자연스럽습니다. 해설이니까 사전적 정의를 보여드리지만, 시험장과는 동떨어진 사후적 설명입니다.

취합(聚合) : 모아서 합침

융합(融合) : 다른 종류의 것이 녹아서 서로 구별이 없게 하나로 합하여
지거나 그렇게 만듦

조합(組合) : 여럿을 한데 모아 한 덩어리로 짬

규합(糾合) : 어떤 일을 꾸미려고 세력이나 사람을 모음

결합(結合) : 둘 이상의 사물이나 사람이 서로 관계를 맺어 하나가 됨

참고로 어휘에 대해 심층적 학습이 필요하다면 제가 쓴 『국어의 기술 외전
결국은 어휘력』(좋은책신사고)을 참고하기 바랍니다.

4
PART

「6장. 패턴 인식과 인공지능」 + α
× 인공신경망 퍼셉트론(2017학년도 6월 모의평가)

들어
가기

『미래를 바꾼 아홉 가지 알고리즘』150쪽 '신경망' 이후 전개되는 내용은 읽기 쉽지 않습니다. 갑자기 뉴런에 대해서도 알아야 하고, 가중 신호를 더해서 역치를 넘는지도 계산해봐야 하고. 저도 그렇게 생각했습니다. 쉽게 설명하긴 했지만, 그래도 너무 전문적인 내용을 소개하는 것은 아닐까.

그런데 수능출제기관에서 출제한 2017학년도 6월 모의평가 문제를 보고 깜짝 놀랐습니다. 『미래를 바꾼 아홉 가지 알고리즘』보다 더 심화된 내용이 지문과 문제로 출제됐기 때문입니다. (그만큼 지문 내용이 어렵습니다.) 시험 지문을 온전히 이해하려면 『미래를 바꾼 아홉 가지 알고리즘』뿐만 아니라 『김

대식의 인간 vs 기계』(동아시아, 2016)도 함께 읽을 필요가 있습니다. 이 책은 강연을 책으로 엮은 것이라 이해하기 쉽고, 또 흥미롭습니다.

🔲 이렇게 엮어 읽었으면 독서감상문을 선생님께 제출하세요. 그래서 엮어 읽은 흔적이 학생부 독서활동상황에 꼭 기록될 수 있게 하세요. 책 A를 읽고, 관심이 생겨 비슷한 주제의 책 B를 찾아 읽었다는 기록은 학생의 능동성, 지적 호기심, (컴퓨터 관련 학과 지망생이라면) 전공 적합성 까지 드러낼 수 있기 때문입니다.

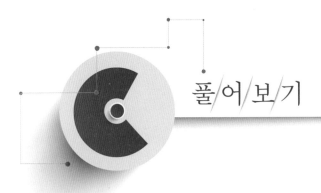

[12~15] 다음 글을 읽고 물음에 답하시오. 2017학년도 6월 모의평가

　　인간의 신경 조직을 수학적으로 모델링하여 컴퓨터가 인간처럼 기억·학습·판단할 수 있도록 구현한 것이 인공 신경망 기술이다. 신경 조직의 기본 단위는 뉴런인데, ⓐ인공 신경망에서는 뉴런의 기능을 수학적으로 모델링한 퍼셉트론을 기본 단위로 사용한다.

　　ⓑ퍼셉트론은 입력값들을 받아들이는 여러 개의 ⓒ입력 단자와 이 값을 처리하는 부분, 처리된 값을 내보내는 한 개의 출력단자로 구성되어 있다. 퍼셉트론은 각각의 입력 단자에 할당된 ⓓ가중치를 입력값에 곱한 값들을 모두 합하여 가중합을 구한 후, 고정된 ⓔ임계치보다 가중합이 작으면 0, 그렇지 않으면 1과 같은 방식으로 ⓕ출력값을 내보낸다.

　　이러한 퍼셉트론은 출력값에 따라 두 가지로만 구분하여 입력값들을 판정할 수 있을 뿐이다. 이에 비해 복잡한 판정을 할 수 있는 인공 신경망은 다수의 퍼셉트론을 여러 계층으로 배열하여 한 계층에서 출력된 신호가 다음 계층에 있는 모든 퍼셉트론의 입력 단자에 입력값으로 입력되는 구조로 이루어진다. 이러한 인공 신경망에서 가장 처음에 입력값을 받아들이는 퍼셉트론들을 입력층, 가장 마지막에 있는 퍼셉트론들을 출력층이라고 한다.

　　㉠어떤 사진 속 물체의 색깔과 형태로부터 그 물체가 사과인지 아닌지를 구별할 수 있도록 인공 신경망을 학습시키는 경우를 생각해 보

자. 먼저 학습을 위한 입력값들 즉 학습 데이터를 만들어야 한다. 학습 데이터를 만들기 위해서는 사과 사진을 준비하고 사진에 나타난 특징인 색깔과 형태를 수치화해야 한다. 이 경우 색깔과 형태라는 두 범주를 수치화하여 하나의 학습 데이터로 묶은 다음, '정답'에 해당하는 값과 함께 학습 데이터를 인공 신경망에 제공한다. 이때 같은 범주에 속하는 입력값은 동일한 입력 단자를 통해 들어가도록 해야 한다. 그리고 사과 사진에 대한 학습 데이터를 만들 때에 정답인 '사과이다'에 해당하는 값을 '1'로 설정하였다면 출력값 '0'은 '사과가 아니다'를 의미하게 된다.

인공 신경망의 작동은 크게 학습 단계와 판정 단계로 나뉜다. 학습 단계는 학습 데이터를 입력층의 입력 단자에 넣어 주고 출력층의 출력값을 구한 후, 이 출력값과 정답에 해당하는 값의 차이가 줄어들도록 가중치를 갱신하는 과정이다. 어떤 학습 데이터가 주어지면 이때의 출력값을 구하고 학습 데이터와 함께 제공된 정답에 해당하는 값에서 출력값을 뺀 값 즉 오차 값을 구한다. 이 오차 값의 일부가 출력층의 출력 단자에서 입력층의 입력 단자 방향으로 되돌아가면서 각 계층의 퍼셉트론별로 출력 신호를 만드는 데 관여한 모든 가중치들에 더해지는 방식으로 가중치들이 갱신된다. 이러한 과정을 다양한 학습 데이터에 대하여 반복하면 출력값들이 각각의 정답 값에 수렴하게 되고 판정 성능이 좋아진다. 오차 값이 0에 근접하게 되거나 가중치의 갱신이 더 이상 이루어지지 않게 되면 학습 단계를 마치고 판정 단계로 전환한다. 이때 판정의 오류를 줄이기 위해서는 학습 단계에서 대상들의 변별적 특징이 잘 반영되어 있는 서로 다른 학습 데이터를 사용하는 것이 좋다.

12 윗글에 따를 때, ⓐ~ⓕ에 대한 설명으로 적절하지 <u>않은</u> 것은?

① ⓑ는 ⓐ의 기본 단위이다.

② ⓒ는 ⓑ를 구성하는 요소 중 하나이다.

③ ⓓ가 변하면 ⓔ도 따라서 변한다.

④ ⓔ는 ⓕ를 결정하는 기준이 된다.

⑤ ⓐ가 학습하는 과정에서 ⓕ는 ⓓ의 변화에 영향을 미친다.

13 윗글에 대한 이해로 적절하지 <u>않은</u> 것은?

① 퍼셉트론의 출력 단자는 하나이다.

② 출력층의 출력값이 정답에 해당하는 값과 같으면 오차 값은 0이다.

③ 입력층 퍼셉트론에서 출력된 신호는 다음 계층 퍼셉트론의 입력 값이 된다.

④ 퍼셉트론은 인간의 신경 조직의 기본 단위의 기능을 수학적으로 모델링한 것이다.

⑤ 가중치의 갱신은 입력층의 입력 단자에서 출력층의 출력 단자 방향으로 진행된다.

14 윗글을 바탕으로 ㉠에 대해 추론한 것으로 적절하지 <u>않은</u> 것은?

① 학습 데이터를 만들 때는 색깔이나 형태가 다른 사과의 사진을 선택하는 것이 좋겠군.

② 학습 데이터에 두 가지 범주가 제시되었으므로 입력층의 퍼셉트 론은 두 개의 입력 단자를 사용하겠군.

③ 색깔에 해당하는 범주와 형태에 해당하는 범주를 분리하여 각각 서로 다른 학습 데이터로 만들어야 하겠군.

④ 가중치가 더 이상 변하지 않는 단계에 이르면 '사과'인지 아닌지를 구별하는 학습 단계가 끝났다고 볼 수 있겠군.

⑤ 학습 데이터를 만들 때 사과 사진의 정답에 해당하는 값을 0으로 설정하였다면, 출력층의 출력 단자에서 0 신호가 출력되면 '사과이다'로, 1 신호가 출력되면 '사과가 아니다'로 해석해야 되겠군.

15 윗글을 바탕으로 〈보기〉를 이해한 내용으로 가장 적절한 것은? [3점]

─── 〈보기〉 ───

아래의 [A]와 같은 하나의 퍼셉트론을 [B]를 이용해 학습시키고자 한다.

[A]
- 입력 단자는 세 개(a, b, c)
- a, b, c의 현재의 가중치는 각각 $W_a = 0.5$, $W_b = 0.5$, $W_c = 0.1$
- 가중합이 임계치 1보다 작으면 0을, 그렇지 않으면 1을 출력

[B]
- a, b, c로 입력되는 학습 데이터는 각각 $I_a = 1$, $I_b = 0$, $I_c = 1$
- 학습 데이터와 함께 제공되는 정답 = 1

① [B]로 학습시키기 위해서는 판정 단계를 먼저 거쳐야 하겠군.

② 이 퍼셉트론이 1을 출력한다면, 가중합이 1보다 작았기 때문이겠군.

③ [B]로 한 번 학습시키고 나면 가중치 W_a , W_b , W_c가 모두 늘어나 있겠군.

④ [B]로 여러 차례 반복해서 학습시키면 퍼셉트론의 출력값은 0에 수렴하겠군.

⑤ [B]의 학습 데이터를 한 번 입력했을 때 그에 대한 퍼셉트론의 출력값은 1이겠군.

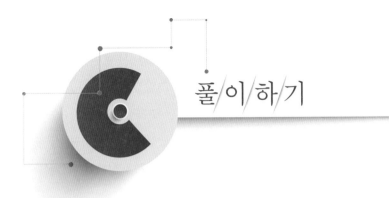

풀/이/하/기

📢 지문을 같이 읽어보겠습니다.

인간의 신경 조직을 수학적으로 모델링하여 컴퓨터가 인간처럼 기억·학습·판단할 수 있도록 구현한 것이 인공 신경망 기술이다. 신경 조직의 기본 단위는 뉴런인데, ⓐ인공 신경망에서는 뉴런의 기능을 수학적으로 모델링한 퍼셉트론을 기본 단위로 사용한다.

뉴런에 대한 별 설명 없이 퍼셉트론을 소개했습니다. 『미래를 바꾼 아홉 가지 알고리즘』 151쪽처럼 뉴런에 대해 설명을 충분히 한 다음, 이를 토대로 퍼셉트론을 소개했어야 이해하기 쉬웠을 텐데요. 시험 출제자는 왜 이렇게 구성한 것일까요? 첫째, 시험 지문의 길이 제한 때문일 겁니다. 책처럼 여러 페이지에 걸쳐서 설명할 수 없으니까요. 둘째, 뉴런에 대해 기본적인 내용을 학생들이 알고 있을 것(혹은 알아야 하는 것)이라고 믿었기 때문일 겁니다. 왜냐하면 중학교 2학년 때 과학 교과서에서 뉴런, 축삭 돌기 등을 배우기 때문입니다.[1]

---

1 중학교 및 고1 교육과정의 내용은 국어영역에 배경지식으로 요구될 때가 종종 있습니다. 이런 것들을 꼼꼼하게 공부하지 못했다면 제가 쓴 『국어의 기술 외전 결국은 어휘력』(좋은책신사고)를 참고하기 바랍니다. 다양한 배경지식이 정리되어 있습니다.

ⓑ퍼셉트론은 입력값들을 받아들이는 여러 개의 ⓒ입력 단자와 이 값을 처리하는 부분, 처리된 값을 내보내는 한 개의 출력단자로 구성되어 있다. 퍼셉트론은 각각의 입력 단자에 할당된 ⓓ가중치✕ 입력값에 곱한 값들을 모두 합하여 가중합을 구한 후, 고정된 ⓔ임계치보다 가중합이 작으면 0, 그렇지 않으면 1과 같은 방식으로 ⓕ출력값을 내보낸다.

짧지만 지문에 나온 정보량이 많죠? 시험장에서는 여백에 간단히 정리하면 좋습니다. $A_1+A_2+A_3+ \cdots + A_n$을 간단하게 ΣA로 표현하기로 약속한다면, 위 지문은 아래와 같이 간단하게 표시할 수 있습니다.

	입력	출력
Σ입력값 x 가중치 〈 임계치	→	0
$\geq$	→	1

만약 『미래를 바꾼 아홉 가지 알고리즘』 158쪽 그림을 떠올릴 수 있으면 더 좋고요!

이러한 퍼셉트론은 출력값에 따라 두 가지로만 구분하여 입력값들을 판정할 수 있을 뿐이다. 이에 비해 복잡한 판정을 할 수 있는 인공 신경망은 다수의 퍼셉트론을 여러 계층으로 배열하여 한 계층에서 출력된 신호가 다음 계층에 있는 모든 퍼셉트론의 입력 단자에 입력값으로 입력되는 구조로 이루어진다. 이러한 인공 신경망에서 가장 처음에 입력값을 받아들이는 퍼셉트론들은 입력층, 가장 마지막에 있는 퍼셉트론들은 출력층이라고 한다.

퍼셉트론을 바탕으로 인공 신경망을 설명하고 있습니다. 퍼셉트론(입력-출력)이 줄지어 층을 이루고 있는 것이네요. 1문단에서 "인공 신경망에서는 ~ 퍼셉트론을 기본 단위"와 같은 맥락입니다.

㉠어떤 사진 속 물체의 색깔과 형태로부터 그 물체가 사과인지 아닌지를 구별할 수 있도록 인공 신경망을 학습시키는 경우를 생각해 보자. 먼저 학습을 위한 입력값들≒ 학습 데이터를 만들어야 한다. 학습 데이터를 만들기 위해서는 사과 사진을 준비하고 사진에 나타난 특징인 색깔과 형태를 ①수치화해야 한다. 이 경우 색깔과 형태라는 두 범주를 수치화하여 하나의 학습 데이터로 묶은 다음, ②정답에 해당하는 값과 함께 학습 데이터를 인공 신경망에 제공한다. 이때 같은 범주에 속하는 입력값은 동일한 입력 단자를 통해 들어가도록 해야 한다. 그리고 사과 사진에 대한 학습 데이터를 만들 때에 정답인 '사과이다'에 해당하는 값을 '1'로 설정하였다면 출력값 '0'은 '사과가 아니다'를 의미하게 된다.

인공신경망이 학습하는 과정이 제시되고 있어서 번호를 붙였습니다. 아직까지는 별로 어려울 게 없죠?

인공 신경망의 작동은 크게 학습③단계와 판정④단계로 나뉜다. 학습 단계는 학습 데이터를 입력층의 입력 단자에 넣어 주고 출력층의 출력값을 구한→, 이 출력값과 정답에 해당하는 값의 차이가 줄어들도록 가중치를 갱신하는 과정이다. 어떤 학습 데이터가 주어지면 이때의 출력값을 구하→고 학습 데이터와 함께 제공된 정답에 해당하는 값에서 출력값을 뺀 값 ≒오차 값을 구한다. 이 오차 값의 일부가 출력층의 출력 단자에서 입력층의 입력 단자 방향으로 되돌아가면서 각 계층의 퍼셉트론별로 출력 신호를 만드는 데 관여한 모든 가중치들에 더해지는 방식으로 가중치들이 갱신된다. 이러한 과정을 다양한 학습 데이터에 대하여 반복하면 출력값들이 각각의 정답 값에 수렴하게 되고 판정 성능이 좋아진다. 오차 값이 0에 근접하게 되거나 가중치의 갱신이 더 이상 이루어지지 않게 되면 학습 단계를 마치고 판정 단계로 전환한다. 이때 판정의 오류를 줄이기 위해서는 학습 단계에서 대상들의 변별적 특징이 잘 반영되어 있는 서로 다른 학습 데이터를 사용하는 것이 좋다.

내용 자체는 『미래를 바꾼 아홉 가지 알고리즘』 159쪽 내용과 같습니다. 학습 단계는 오차가 줄어들도록 가중치(비중)를 갱신, 즉 다이얼을 조금씩 돌리는 과정으로 이해할 수 있습니다. 이때 방향만 주의하세요. 학습 데이터는 입력에서 출력으로 가는 방향이었습니다. 하지만 갱신은 출력 단자에서 입력 단자 방향으로 '되돌아'가면서 이루어집니다.

지문 중 '변별적 특징'이란 구별되는 특징 정도로 이해하면 됩니다. (앞서 우편번호 자동분류기 지문에서 "0부터 9까지를 잘 구별할 수 있는 입력 특징"이라는 내용이 있었죠? 여기서 구별을 변별로 바꿔도 됩니다.)

12 윗글에 따를 때, ⓐ~ⓕ에 대한 설명으로 적절하지 <u>않은</u> 것은?

① ⓑ는 ⓐ의 기본 단위이다.

1문단 마지막 문장에 언급됐습니다.

② ⓒ는 ⓑ를 구성하는 요소 중 하나이다.

2문단 첫 문장에 언급됐습니다.

③ ⓓ가 변하면 ⓔ도 따라서 ~~변한다~~

가중치가 변할 때 따라서 변하는 것은 가중합입니다. 임계치는 지문에 설명되어 있듯 '고정된' 것이라서 변하지 않습니다.

④ ⓔ는 ⓕ를 결정하는 기준이 된다.

가중합이 임계치 이상이면 출력값이 1, 그렇지 않으면 0이죠? 따라서 임계치는 출력값을 0 또는 1로 결정하는 기준이라고 할 수 있습니다.

⑤ ⓐ가 학습하는 과정에서 ⓕ는 ⓓ의 변화에 영향을 미친다.

마지막 문단에 언급된 내용입니다. 출력값을 통해 구한 오차 값의 일부가 가중치를 갱신한다고 했기 때문에 적절합니다.

13 윗글에 대한 이해로 적절하지 <u>않은</u> 것은?

① 퍼셉트론의 출력 단자는 하나이다.

1문단에 언급됐습니다. 참고로 이는 뉴런의 특징이기도 합니다.

② 출력층의 출력값이 정답에 해당하는 값과 같으면 오차 값은 0이다.

오차 값은 정답과 출력값의 차이기 때문에, 출력값이 정답과 일치한다면 오차 값은 0입니다.

③ 입력층 퍼셉트론에서 출력된 신호는 다음 계층 퍼셉트론의 입력값이 된다.

3문단에서 쉽게 확인할 수 있는 내용입니다.

④ 퍼셉트론은 인간의 신경 조직의 기본 단위의 기능을 수학적으로 모델링한 것이다.

1문단 두 번째 문장을 그대로 표현한 것입니다.

⑤ 가중치의 갱신은 입력층의 입력 단자에서 출력층의 출력 단자 방향으로 진행된다.

가중치 갱신의 방향은 출력 단자에서 입력 단자 방향으로 진행됩니다. 즉, 선지의 방향이 거꾸로 표현됐습니다.

14 윗글을 바탕으로 ㉠에 대해 추론한 것으로 적절하지 <u>않은</u> 것은?

① 학습 데이터를 만들 때는 색깔이나 형태가 다른 사과의 사진을 선택하는 것이 좋겠군.

마지막 문장과 같은 말입니다. "학습 단계에서 대상들의 변별적 특징이 잘 반영되어 있는 서로 다른 학습 데이터를 사용하는 것이 좋다." 대상들 간 차이가 있어 잘 구별되는 것들로 학습해야 하는 이유는 뭘까요? 만약 빨간 사과만 학습했다면, 풋사과를 봤을 때 사과가 아니라고 판단할 겁니다.

② 학습 데이터에 두 가지 범주가 제시되었으므로 입력층의 퍼셉트론은 두 개의 입력 단자를 사용하겠군.

색깔과 형태 두 범주가 제시됐고, "같은 범주에 속하는 입력값은 동일한 입력 단자를 통해 들어가도록 해야 한다"고 했으니 적절합니다.

③ 색깔에 해당하는 범주와 형태에 해당하는 범주를 분리하여 각각 서로 ~~다른~~ 학습 데이터로 만들어야 하겠군.

②가 적절하니 ③도 적절하다고 판단하기 쉽습니다. 하지만 항상 지문

에 근거해야 합니다. "두 범주를 수치화하여 하나의 학습 데이터로 묶은 다음"이라고 나오기 때문에 선지는 적절하지 않습니다. 출제자는 여러분이 대충 읽고 풀면 꼭 틀리도록 문제를 만듭니다. 그래야 실력 있는 학생과 없는 학생을 '변별'할 수 있기 때문입니다.

④ 가중치가 더 이상 변하지 않는 단계에 이르면 '사과'인지 아닌지를 구별하는 학습 단계가 끝났다고 볼 수 있겠군.

"가중치의 갱신이 더 이상 이루어지지 않게 되면 학습 단계를 마치고"와 같은 말이니 적절합니다.

⑤ 학습 데이터를 만들 때 사과 사진의 정답에 해당하는 값을 0으로 설정하였다면, 출력층의 출력 단자에서 0 신호가 출력되면 '사과이다'로, 1 신호가 출력되면 '사과가 아니다'로 해석해야 되겠군.

지문은 정답에 해당하는 것을 1로 설정하기로 약속했을 뿐입니다. 만약 선지처럼 정답(사과이다)을 0으로 설정했다면 여기에 맞게 또 학습 과정이 일어나며 가중치가 갱신됐을 것이고, 1은 '사과가 아니다'를 의미하게 됐을 겁니다. 즉, 0과 1을 서로 모순되는 내용으로 약속하기만 하면 정답에 해당하는 값을 0과 1 중 무엇으로 하든 상관 없습니다.

15 윗글을 바탕으로 〈보기〉를 이해한 내용으로 가장 적절한 것은? [3점]

지문에서 언급된 내용을 총체적으로 적용하는 문제입니다.

① [B]로 학습시키기 위해서는 판정 단계를 ~~먼저~~ 거쳐야 하겠군.

학습 단계 이후 판정 단계입니다. 선후를 뒤바꿨습니다.

② 이 퍼셉트론이 1을 출력한다면, 가중합이 1보다 ~~작았기~~ 때문이겠군.

퍼셉트론이 1을 출력한다는 것은 가중합이 임계치 1과 같거나 1보다 컸다는 뜻입니다.

③ [B]로 한 번 학습시키고 나면 가중치 W_a , W_b , W_c가 모두 늘어나 있겠군.

〈보기〉의 정보로 계산을 해봐야 합니다.
가중합 = $W_a×I_a+W_b×I_b+W_c×I_c$ = 0.5×1+0.5×0+0.1×1 = 0.6
가중합이 임계치 1보다 작기 때문에 출력값은 0입니다.
이때 오차값(정답−출력값)은 0.4이고, 이 중 일부가 가중치에 더해지는 방식으로 갱신되므로, 가중치 W_a, W_b, W_c는 모두 늘어날 것입니다.

> 지문에서는 가중치 갱신의 원리를 "어떤 학습 데이터가 주어지면 (중략) 정답에 해당하는 값에서 출력값을 뺀 값 즉 오차 값을 구한다. 이 오차 값의 일부가 (중략) 출력 신호를 만드는 데 관여한 모든 가중치들에 더해지는 방식으로"(다섯째 단락)라고 규정하였습니다. 지문에서 설명한 이 두 가지 원리를 종합하면 가중치 W_b도 일정한 오차 값이 더해져 늘어나는바, 정답지 ③은 적절한 이해입니다.
>
> – 출처 : 한국교육과정평가원 이의제기에 대한 답변

④ [B]로 여러 차례 반복해서 학습시키면 퍼셉트론의 출력값은 X에 수렴하겠군.

"이러한 과정을 ~ 반복하면 출력값들이 각각의 정답 값에 수렴"한다고 했으니 출력값은 정답 1에 수렴할 것입니다. 그 원리는 ③이 되고요. 가중합이 정답인 1이 되도록 가중치가 계속 조절될 것입니다.

⑤ [B]의 학습 데이터를 한 번 입력했을 때 그에 대한 퍼셉트론의 출력값은 X이겠군.

③에서 살펴봤듯이 출력값은 0입니다.

5 PART

「7장. 데이터 압축」 + α

× 동영상 압축 기술(2009학년도 수능)

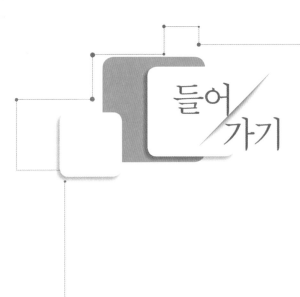

들어가기

다음 수열을 기억하려고 합니다. 어떤 경우가 가장 쉬울까요?

    (1) 9, 9, 9, 9, 9, 9, 9, 9, 9, 9

    (2) 2, 6, 7, 3, 5, 8, 9, 1, 0, 4

    (3) 2, 4, 6, 8, 10, 12, 14, 16, 18, 20

　(1)이 가장 쉽죠? 9가 10개라고만 기억하면 됩니다. 10개의 숫자를 숫자 2개로 나타낼 수 있습니다. (3)도 (1)만큼 쉽습니다. 2에서 20까지 2씩 증가한다고 기억하면 됩니다. 숫자가 3개 필요했죠? (1)과 (3) 같은 수열은 아무리 숫자가 많아져도 몇 개의 숫자로 수열을 전체를 압축해서 기억하고, 그대로 복원할 수 있습니다.

　하지만 (2)처럼 반복도 없고, 규칙도 없으면 기억하기가 참 까다롭습니다. 몇 개의 숫자로 압축해서 기억할 수 없고, 결국 통째로 외워야

하기 때문입니다.

■ 데이터 압축에도 이런 원리가 적용됩니다. 중복되는 것은 1개로 대표해서 저장하고(『미래를 바꾼 아홉 가지 알고리즘』 172쪽 '전과 같음 트릭'), 규칙적인 변화가 있다면 규칙을 저장하는 식으로 전체 데이터를 작게 압축할 수 있습니다. 일단은 이 두 가지만 기억하고 기출문제를 풀어 보겠습니다.

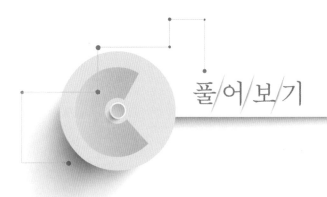

풀/어/보/기

[16~19] 다음 글을 읽고 물음에 답하시오. ^{2009학년도 수능}

　컴퓨터에서 동영상을 본 사람은 한 번쯤 '어떻게 작은 파일 안에 수십만 장이 넘는 화면들이 들어갈 수 있을까?' 하는 의문을 가진 적이 있을 것이다. 동영상 압축은 막대한 크기의 동영상 데이터에서 필요한 정보만 남김으로써 화질의 차이는 거의 없이 데이터의 양을 수백 분의 일까지 줄이는 기술이다. 동영상 압축에서는 일반적으로 화면 간 중복, 화소 간 중복, 통계적 중복 등을 이용한다.

　동영상은 연속적인 화면의 모음인데, 화면 간 중복은 물체가 출현, 소멸, 이동하는 영역을 제외하고는 현재 화면과 이전 화면이 비슷한 것을 말한다. 스튜디오를 배경으로 아나운서가 뉴스를 보도하는 동영상을 생각해 보자. 현재 화면을 이전 화면과 비교하면 아나운서가 움직인 부분만 다르고 나머지는 동일하다. 따라서 현재 화면을 모두 저장하지 않고 변화된 영역에 해당하는 정보만 저장하면 데이터의 양을 크게 줄일 수 있다.

　하나의 화면은 수많은 점들로 구성되는데, 이를 화소라 한다. 각각의 화소는 밝기와 색상을 나타내는 화소 값을 가진다. 화소 간 중복은 한 화면 안에서 서로 가까이 있는 화소들끼리 화소 값의 차이가 별로 없거나 변화가 규칙적인 것을 말한다. 동영상 압축에서는 원래의 화소 값들을 여러 개의 성분들로 형태를 변환한 다음, 화질에 거의 영향을 미치지 않는 성분들을 제거하고 나머지 성분들만을 저장한다. 이때 압축 전후의 화소들의 개수에는 변화가 없으나 변환된 성분들을 저장하는 개수가 줄어들기 때문에 화질의 차이가 별로 없이 데이터의 양을 크게 줄일 수 있다. 그런데 화면이 단순할수록 또 규칙적일수록 화소 간 중복이 많아서, 제거 가능한 성분들이 많아진다. 다만 이들 성분을 너무 많이 제거하면 화면이 흐려지거나 얼룩이 ⓐ<u>지는</u> 등 동영상의 화질이 나빠진다. 이러한 과정은, 우유에서 ㉠<u>수분</u>을 없애 전지분유를 만들면 부피는 크게 줄어들지만 원래 우유의 맛이 거의 보존되는 것과 비슷하다.

[A]

압축된 동영상에 저장해야 하는 여러 가지의 데이터는 위의 과정을 거쳐 이미 많은 부분이 제거된 상태이다. 통계적 중복은 이들 데이터에서 몇몇 특정한 값이 나오는 빈도가 통계적으로 매우 높은 것을 말한다. 이때 자주 나오는 값일수록 더 짧은 코드로 변환하여 저장하면, 데이터 값을 그대로 저장할 때보다 저장하는 양을 크게 줄일 수 있다.

16 윗글을 읽은 학생들의 반응으로 가장 적절한 것은?

① 화면이 복잡한 경우에는 화면 간 중복을 제거할 수 없겠어.

② 화면이 흐려지는 이유는 화소의 개수를 줄이지 않았기 때문이겠어.

③ 화질이 달라지면 안 되는 경우에는 화소 간 중복만 제거할 수 있겠어.

④ 맨 첫 화면에서는 이전 화면이 없어 화소 간 중복을 제거할 수
없겠어.

⑤ 변환된 성분을 제거하는 정도에 따라 압축된 동영상 파일의 크
기가 달라지겠어.

17 ㉠에 대응하는 것을 [A]의 동영상 압축 과정에서 찾을 때, 가장
적절한 것은?

① 하나의 화면

② 동영상의 화질

③ 원래의 화소 값들

④ 압축 전후의 화소들의 개수

⑤ 화질에 거의 영향을 미치지 않는 성분들

18 윗글을 바탕으로 〈보기〉의 (가)와 (나)를 비교한 것으로 적절한 것은?

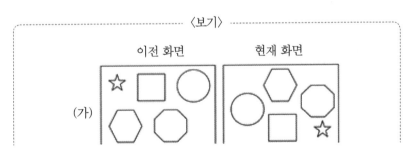

이전 화면   현재 화면

(나)

※ (가), (나)는 흑백 화면이며 화소의 개수가 모두 동일함.

	현재 화면과 이전 화면 사이의 화면 간 중복 정도	현재 화면 내의 화소 간 중복 정도
①	(가)가 더 높다	(가)가 더 높다
②	(가)가 더 높다	(나)가 더 높다
③	(나)가 더 높다	(가)가 더 높다
④	(나)가 더 높다	(나)가 더 높다
②	(가)와 (나)가 같다	(가)와 (나)가 같다

19 밑줄 친 단어의 문맥적 의미가 ⓐ와 거리가 먼 것은?

① 돌을 던지자 고요한 호수에 파문이 <u>일었다</u>.

② 눈 내린 마당에 강아지 발자국이 <u>나</u> 있다.

③ 주머니에 구멍이 <u>생겨</u> 동전을 잃어버렸다.

④ 새로 산 차에 흠이 <u>가서</u> 속상하다.

⑤ 그는 나이가 차 장가를 <u>들었다</u>.

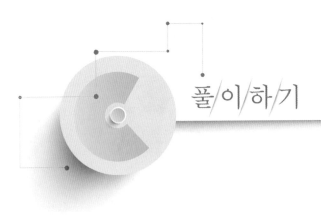

풀/이/하/기

컴퓨터에서 동영상을 본 사람은 한 번쯤 '어떻게 작은 파일 안에 수십만 장이 넘는 화면들이 들어갈 수 있을까?' 하는 의문을 가진 적이 있을 것이다. 동영상 압축은 막대한 크기의 동영상 데이터에서 필요한 정보만 남김으로써 화질의 차이는 거의 없이 데이터의 양을 수백 분의 일까지 줄이는 기술이다. 동영상 압축에서는 일반적으로 화면 간 중복, 화소 간 중복, 통계적 중복 등을 이용한다.

질문이 나왔고, 답변인 동영상 압축이 글의 핵심입니다. 동영상 압축에 대해 3가지를 나열했죠? 이 언급 순서대로 내용이 전개될 것입니다. 시험에 나올 정도로 잘 쓴 글은 이런 원칙이 늘 지켜집니다.

동영상은 연속적인 화면의 모음인데, 화면 간 중복은 물체가 출현, 소멸, 이동하는 영역을 제외하고는 현재 화면과 이전 화면이 비슷한 것을 말한다. 스튜디오를 배경으로 아나운서가 뉴스를 보도하는 동영상을 생각해 보자. 현재 화면을 이전 화면과 비교하면 아나운서가 움직인 부분만 다르고 나머지는 동일하다. 따라서 현재 화면을 모두 저장하지 않고 변화된 영역에 해당하는 정보만 저장하면 데이터의 양을 크게 줄일 수 있다.

화면 간 중복이 있을 때는 이전 화면과 비교해서 변화된 영역만 저장하네요. 변화하지 않은 영역, 즉 똑같이 반복되는 영역은 중복해서 저장하지 않고, 한 번만 저장하고요. (중복되는 화면을 '생략'한 것이라고 보면『미래를 바꾼 아홉 가지 알고리즘』187쪽에 있는 내용과 비슷합니다.)

하나의 화면은 수많은 점들로 구성되는데, 이를 화소라 한다. 각각의 화소는 밝기와 색상을 나타내는 화소 값을 가진다. 화소 간 중복은 한 화면 안에서 서로 가까이 있는 화소들끼리 화소 값의 차이가 별로 없거나 변화가 규칙적인 것을 말한다. 동영상 압축에서는 원래의 화소 값들을 여러 개의 성분들로 형태를 변환한 다음 화질에 거의 영향을 미치지 않는 성분들을 제거하고 나머지 성분들만을 저장한다. 이때 압축 전후의 화소들의 개수에는 변화가 없으나 변환된 성분들을 저장하는 개수가 줄어들기 때문에 화질의 차이가 별로 없이 데이터의 양을 크게 줄일 수 있다. 그런데 화면이 단순할수록 규칙적일수록 화소 간 중복이 많아서 제거 가능한 성분들이 많아진다. 다만 이들 성분을 너무 많이 제거하면 화면이 흐려지거나 얼룩이 ⓐ지는 등 동영상의 화질이 나빠진다. 이러한 과정은, 우유에서 ㉠수분을 없애 전지분유를 만들면 부피는 크게 줄어들지만 원래 우유의 맛이 거의 보존되는 것과 비슷하다.

화소 간 중복은 앞서 '들어가기'에서 살펴봤던 수열을 생각하면 이해하기 쉽습니다. 한 화면 안에서 서로 가까이 있는 화소들끼리 화소 값의 차이가 별로 없는 경우는 '(1) 9, 9, 9, 9, 9, 9, 9, 9, 9, 9'와 같은 경우고, 변화가 규칙적인 것은 '(3) 2, 4, 6, 8, 10, 12, 14, 16, 18, 20'과 같은 경우로 생각하면 됩니다.

특이점으로 이 과정을 전지분유 만드는 과정에 빗대는 유추가 나왔죠? 이런 유추가 제시되면 출제자는 대응 관계를 꼭 묻습니다. (이 내용은 『국어의 기술 1』 패턴9 '유비추론'에서 심층적으로 다루니 참고하기 바랍니다.)

> 압축된 동영상에 저장해야 하는 여러 가지의 데이터는 위의 과정을 거쳐 이미 많은 부분이 제거된 상태이다. 통계적 중복은 이들 데이터에서 몇몇 특정한 값이 나오는 빈도가 통계적으로 매우 높은 것을 말한다. 이때 자주 나오는 값일수록 더 짧은 코드로 변환하여 저장하면 데이터 값을 그대로 저장할 때보다 저장하는 양을 크게 줄일 수 있다.

『미래를 바꾼 아홉 가지 알고리즘』174쪽 '더 짧은 심벌 트릭'과 같은 내용입니다. 사실 이 지문의 마지막 단락만 달랑 읽어서는 무슨 뜻인지 알기 어렵습니다. 이상하게도 이 문단은 전혀 문제화된 부분도 아니라서 나중에 출제자가 관련 내용을 심층적으로 출제할 수 있습니다. 이는 '덧붙이기'에서 따로 다루겠습니다.

16 윗글을 읽은 학생들의 반응으로 가장 적절한 것은?

① 화면이 복잡한 경우에는 화면 간 중복을 제거할 수 ~~없겠어~~

> 화면이 복잡하더라도, 이전 화면과 현재 화면의 중복이 많으면 화면 간 중복을 제거할 수 있습니다.

② 화면이 흐려지는 이유는 ~~화소의 개수~~를 줄이지 않았기 때문이 겠어.

> 지문에서 언급한 이유는 성분이었을 뿐, 화소의 개수와 상관이 없었습니다.

③ 화질이 달라지면 안 되는 경우에는 ~~화소 간 중복만 제거~~할 수 있 겠어.

> 화소 간 중복시 화질이 나빠질 수 있다고 했으니, 화질을 그대로 유지하려면 화소 간 중복을 제거하면 안 됩니다.

④ 맨 첫 화면에서는 이전 화면이 없어 화소 간 중복을 제거할 수 ~~없겠어~~

> 이전 화면을 통해 제거할 수 있는 중복은 화소 간 중복이 아니라 화면 간 중복입니다. 화소 간 중복은 이전 화면이 없어도 가능합니다. 즉, "한 화면 안에서 서로 가까이 있는 화소들끼리 화소 값의 차이가 별로 없거나 변화가 규칙적"이면 화소 간 중복을 제거할 수 있습니다.

⑤ 변환된 성분을 제거하는 정도에 따라 압축된 동영상 파일의 크기가 달라지겠어.

> 당연한 이야기죠. 저장되는 데이터의 양이 줄어들면 파일의 크기도 작아지는 거죠!

17 ㉠에 대응하는 것을 [A]의 동영상 압축 과정에서 찾을 때, 가장 적절한 것은?

'대응'을 보면 '유추'를, '유추'를 보면 '대응'을 떠올려야 합니다. 출제 자가 문제 내기 좋아하는 패턴 중 하나고, 어렵게 나올 때가 많습니다. 다행히 이 문제는 쉬워요! 서술어만 봐도 풀립니다. 정답은 ⑤.

우유에서 ㉠수분을 **없애** 전지분유를 만들면 부피는 **크게 줄어들**지만 원 래 우유의 맛이 **거의 보존**되는 것과 비슷하다.

동영상 압축에서는 원래의 화소 값들을 여러 개의 성분들로 형태를 변 환한 다음, 화질에 거의 영향을 미치지 않는 성분들을 **제거**하고 나머지 성분들만을 저장한다. 이때 압축 전후의 화소들의 개수에는 변화가 없 으나 변환된 성분들을 저장하는 개수가 줄어들기 때문에 화질의 **차이가 별로 없이** 데이터의 양을 **크게 줄일** 수 있다.

18 윗글을 바탕으로 〈보기〉의 (가)와 (나)를 비교한 것으로 적절한 것은?

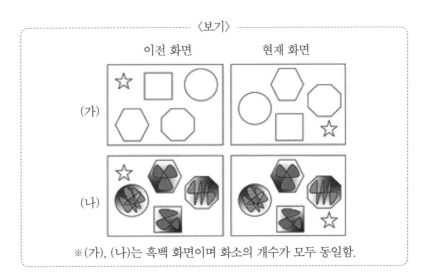

〈보기〉

이전 화면 　　　　현재 화면

(가)

(나)

※ (가), (나)는 흑백 화면이며 화소의 개수가 모두 동일함.

현재 화면과 이전 화면 사이의 화면 간 중복 정도	현재 화면 내의 화소 간 중복 정도

먼저 화면 간 중복을 따져보겠습니다. 이전 화면이 현재 화면이 될 때, 변화한 부분을 제외한 나머지가 다 화면 간 중복에 해당합니다. 이전 화면에서 현재 화면이 될 때, (가)는 5명의 도형이 다 움직였고, (나)는 ☆만 움직였죠? 압축할 때 (나)는 ☆이 움직인 정보만 저장하면 됩니다. 나머지는 화면 간 중복이라서 제거할 수 있습니다.

화소 간 중복은 "한 화면 안에서 서로 가까이 있는 화소들끼리 화소 값의 차이가 별로 없거나 변화가 규칙적"이어야 많은 것입니다. (가)의 현재 화면을 보면 검은 선을 제외한 나머지가 전부 하얀 색이죠? 한 화면 안에서 서로 가까이 있는 화소들끼리 화소 값의 차이가 별로 없는 상태, 즉 화소 간 중복이 많은 상태입니다.

반면 (나)는 도형 내부의 가까이 있는 화소들끼리 화소 값 차이가 심합니다. 이는 화소 간 중복이 적다는 뜻입니다. 따라서 화소 간 중복은 (가)가 (나)보다 더 큽니다. 따라서 정답은 ③입니다.

19 밑줄 친 단어의 문맥적 의미가 ⓐ와 거리가 먼 것은?

"얼룩이 ⓐ지는"에서 ⓐ는 생긴다는 의미죠? ①~④는 '생기다'로 바꿔도 자연스럽습니다. 하지만 ⑤는 어색하기 때문에 정답입니다.

① 돌을 던지자 고요한 호수에 파문이 <u>일었다</u>(생겼다).

② 눈 내린 마당에 강아지 발자국이 <u>나</u>(생겨) 있다.

③ 주머니에 구멍이 <u>생겨</u>(생겨!) 동전을 잃어버렸다.

④ 새로 산 차에 흠이 <u>가서</u>(생겨서) 속상하다.

⑤ 그는 나이가 차 장가를 <u>들었다</u>(~~생겼다~~).

공식적으로 인정되는 것은 아니지만, '장가가다/들다'는 남자가 결혼하여 처부모(아내의 부모) 댁에 가는 것에서 유래한다는 설이 있습니다. '시집가다'는 여자가 결혼하여 시부모(남편의 부모) 집에 가는 것을 의미한다고도 하고요.

덧/붙/이/기

기출 지문에 통계적 중복이 언급만 되고 정작 문제화되지 않았습니다. 여기에 대해 조금 더 설명을 덧붙이겠습니다.

코덱^{codec}은 코더^{coder}와 디코더^{decoder}가 결합한 말입니다. 코더는 어떤 기호를 다른 기호로 변환(인코딩)하고, 디코더는 변환된 기호를 원래 기호로 복원(디코딩)합니다. 컴퓨터는 0과 1만 사용하는 2진 논리체계이므로, 일반적으로 '디지털 인코딩'이라고 하면 다른 기호를 0과 1의 조합으로만 나타내는 것을 뜻합니다.

여기서는 동영상 코덱 MPEG, 정지 영상 코덱 JPEG 등에 적용된 '더 짧은 심벌 트릭'을 더 쉬운 사례로 살펴보겠습니다. 시험에 직접적으로 출제될 가능성이 있거든요. EXO의 노래 〈으르렁〉 중 다음과 같은 가사가 있습니다.

나 <u>으르렁 으르렁 으르렁</u> 대

이때 [나 = 00, 으르렁 = 01, 대 = 10]으로 약속하면. 위 가사는 0001010110 이렇게 10개의 숫자로 인코딩할 수 있습니다.

하지만 『미래를 바꾼 아홉 가지 알고리즘』 177쪽에서 언급한 것처럼 자주 쓰이는 단어에 더 짧은 코드를 쓰면 더 짧게 할 수 있습니다. 가장 많이 쓰인 단어는 '으르렁'이죠? 따라서 [으르렁 = 0, 나 = 10, 대 = 110]으로 약속합니다. 그러면 가사는 10000110, 이렇게 8개의 숫자로 표현됩니다. 겨우 3글자 같지만 압축률이 20%나 되는 것입니다. 100메가 파일이라면 70메가가 되는 것이죠!

그런데 왜 0, 10, 110 이런 식으로 숫자를 매겼을까요? 혹시 시험에 나온다면 이와 관련해서 구체적인 문제가 나올 수 있습니다. 그 이유는 『미래를 바꾼 아홉 가지 알고리즘』 178쪽 "컴퓨터는 개별 글자 사이의 빈칸을 저장하지 않는다"는 점과 관련이 있습니다. 만약 [으르렁 = 0, 나 = 1, 대 = 01]로 정했다면 '나 으르렁 으르렁 으르렁 대'는 '100001'로 인코딩됩니다. 그런데 컴퓨터가 이것을 다시 디코딩(복원)할 때 문제가 생깁니다. '나 으르렁 으르렁 으르렁 으르렁 나' 이렇게 복원될 수 있기 때문입니다. 1-0-0-0-01으로 해석해야 하는지, 1-0-0-0-0-1으로 해석해야 하는지 컴퓨터는 알 수 없습니다.

따라서 컴퓨터가 오직 하나로 해석할 수 있도록 숫자를 할당해줘야 합니다. 만약 4개의 기호를 0과 1의 조합으로 인코딩한다면 0, 10, 110, 111로 대응시켜야 합니다. 이렇게 하면 0과 1이 어떻게 줄지어 서있든 헷갈리지 않습니다. 예를 들어 다음 수열을 끊어보세요. 신기하게 딱 하나의 해석만 가능합니다. (직접 끊어보세요. ^^)

01010010110101110101011110111010111

1. 김종하, 『역사 속의 소프트웨어 오류』 에이콘출판사, 2014.

소프트웨어 오류로 인해 우주, 항공, 군사, 통신, 금융, 의료, 생활 등 다양한 분야에서 피해를 입은 사례를 역사적인 에피소드를 통해 다룹니다. 전문지식이 없어도 재미있게 읽을 수 있습니다.

2. 이광근, 『컴퓨터과학이 여는 세계』 인사이트, 2015.

강의를 책으로 엮은 것입니다. 다만 1회성 강연이 아닌 1학기짜리 강의이기 때문에 조금 깊게 들어갈 때도 있습니다. 유튜브에서 책 제목으로 검색하면 서울대학교에서 1학기 동안 교양강의로 진행된

영상을 무료로 볼 수 있으니 참고하기 바랍니다. 이런 활동은 학생부에도 기록이 가능합니다.

3. 김대식, 『김대식의 인간 vs 기계』 동아시아, 2016.

본문에서 열심히 추천했으니 따로 설명하지 않겠습니다!

4. 유키 히로시 저, 안동현 역, 『프로그래머, 수학으로 생각하라』 프리렉, 2014.

프로그래밍이나 수학에 대해서 잘 몰라도 읽을 수 있습니다. 사칙연산, 거듭제곱, log 정도만 알면 됩니다. 복잡한 대상을 수학적으로 일반화하고, 여기서 찾은 단순한 규칙을 다시 복잡한 대상에 적용해서 쉽게 풀어내는 사고훈련을 하는 책입니다. 수학적 사고력도 키우고, 독서활동 기록도 하고 일석이조라고 할 수 있습니다.

5. 토머스 코멘 저, 최광민 역, 『알고리즘 비밀의 문을 열다』 에이콘출판사, 2016.

역시 알고리즘에 대해 다룬 책인데, 『미래를 바꾼 아홉 가지 알고리즘』보다 좀 더 깊게 들어갑니다. 자연계열 학생(이과생)이라면 찬찬히 읽어볼 만합니다. (간결하게 표현된 수식을 좋아한다면 매우 만족할 거예요!) 참고로 이 책 95쪽에서 네 개의 기호를 0, 10, 110, 111로 대응시켜야 복원할 때 헷갈리지 않는다고 했죠? 『알고리즘 비밀의 문을 열다』 240~243쪽을 읽으면 명쾌하게 이해될 겁니다. 『미래를 바꾼 아홉 가지 알고리즘』 이후 알고리즘에 관심이 생긴다면 심화해서 읽어 보길 추천합니다.

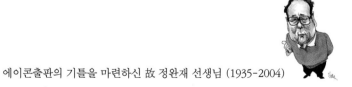

에이콘출판의 기틀을 마련하신 故 정완재 선생님 (1935-2004)

국어의 기술 외전 독서활동 추천도서: 미래를 바꾼 아홉 가지 알고리즘

인 쇄 | 2017년 1월 5일
발 행 | 2017년 1월 13일

지은이 | 이 해 황

펴낸이 | 권 성 준
편집장 | 황 영 주
편 집 | 나 수 지

에이콘출판주식회사
서울특별시 양천구 국회대로 287 (목동 802-7) 2층 (07967)
전화 02-2653-7600, 팩스 02-2653-0433
www.acornpub.co.kr / editor@acornpub.co.kr